爱农业 懂技术 善经营
山东省新型职业农民培育工程系列教材

农业经营主体创建与发展

◎ 赵 冰 主编

中国农业科学技术出版社

图书在版编目（CIP）数据

农业经营主体创建与发展 / 赵冰主编 .—北京：中国农业科学技术出版社，2017. 9

山东省新型职业农民培育工程系列教材

ISBN 978-7-5116-3229-6

Ⅰ. ①农…　Ⅱ. ①赵…　Ⅲ. ①农业经营-技术培训-教材　Ⅳ. ①F306

中国版本图书馆 CIP 数据核字（2017）第 221047 号

责任编辑　徐　毅
责任校对　马广洋

出 版 者　中国农业科学技术出版社
北京市中关村南大街 12 号　邮编：100081
电　　话　(010)82106636(编辑室)　(010)82109702(发行部)
(010)82109709(读者服务部)
传　　真　(010)82106631
网　　址　http://www.castp.cn
经 销 者　各地新华书店
印 刷 者　北京富泰印刷有限责任公司
开　　本　850mm×1168mm　1/32
印　　张　3. 125
字　　数　80 千字
版　　次　2017 年 9 月第 1 版　2017 年 9 月第 1 次印刷
定　　价　16. 00 元

《农业经营主体创建与发展》

编　委　会

主　编　赵　冰

副主编　王　淼　尹燕思　林德荣

　　　　甄俊兰

编　者　蒋永涛　张荣荣　于　飞

　　　　李文姗　胡希平　张　敏

　　　　袁　琳　吕红龙　张　英

　　　　王洪滨　王　阳　田玉智

前 言

当前，我国农业农村发展进入新常态，如何应对农业兼业化、农村空心化、农民老龄化，解决谁来种地、怎样种好地等一系列的问题，亟须大力培育新型职业农民，亟须加快构建新型农民经营体系。家庭农场和农业专业合作社作为新型农业经营主体的重要组成部分，适合我国基本国情、符合现代农业发展特点，契合现阶段经济发展需求，已成为我国引领适度规模经营、发展现代农业的主要力量。

《农业经营主体创建与发展》一书，是为了配合山东省新型职业农民培育工程的顺利实施，以全面提升农民的综合素质、职业技能和农业生产经营能力为目标，为全省开展新型职业农民培训提供优质的教学资源。本书可作为新型职业农民培育工程的培训指导教材，亦可以作为农民培训教育工作者的参考用书。

本书本着实用、够用和易学易懂的原则，围绕当前我省农业经营主体的创办、项目的选择、产业的规划、运营和管理的模式等关键环节进行汇总编写。鉴于广大基层农民这一特殊受众群体，内容上力求通俗易懂，生动活泼，理论实践相结合，并配有大量的真实案例，具有很好的可读性和可操作性，便于学习，利于激发读者学习兴趣。

此书在编写过程中，参考引用了大量专家学者观点和法律法规条文，并得到了各级农业部门及山东省农广校体系内专家、老师的大力支持，在此表示衷心的感谢。由于编者水平有限，书中难免有不当之处，敬请各位专家同仁批评指正。

编 者

2017 年 8 月

目　　录

模块一：家庭农场

一、家庭农场概述

按照字面意义，家庭农场可以理解为家庭经营与规模农业的组合。从世界农业发展看，无论是传统经济还是现代经济，家庭经营始终是最主要的农业经济组织形式。世界上主要的经济和农业发达国家和地区，如美国、加拿大、法国、英国、德国、日本等，农业家庭经营方式均占据绝对主导地位。这说明，家庭经营具有强大的生命力。然而，农业家庭经营规模过小已成为中国现代农业发展的最大制约因素。随着城镇化和工业化的迅猛发展，农业劳动力务农的机会成本不断上升，农村优质劳动力资源向城市和非农产业转移成为必然趋势。

从某种意义上讲，农业劳动力和农村人口的减少为农地的集中和规模经营提供了更大的空间，通过构建现代农业经营体系能够改进由于农地承包经营权平均分配造成的农地经营细碎化和规模过小的问题。其中，家庭农场是实现农业适度规模经营的重要组织形式。

（一）家庭农场的概念

何为家庭农场？在不同的国家或地区对家庭农场内涵的界定是不同的。家庭农场是美国农业最基本的经济组织。美国农业部将家庭农场定义为，没有雇佣经理、不含非家庭成员的法人或者合作组织的农场，其典型特征是家庭拥有农场产权，家庭成员是农场的主要劳动力，并在运营管理方面负有主要责任。俄罗斯《家庭农场法》认为，家庭农场是在土地私有制的基础上，由农民和家庭成员组成，并从事农业生产加工销售的享有法人权利的独立经营主体。比较而言，在中国，家庭农场还是一个新生事物。在政府未对家庭农场进行清晰界定之前，一些学者就相继提出了关于家庭农场的定义和解释。

房慧玲认为，所谓家庭农场，就是适应现有生产力水平与市场要求进行专业化生产，进而形成适度规模经营的农业种养的农户企业。

黎东升等认为，家庭农场是以农户家庭为基本组织单位，面向市场、以利润最大化为目标，从事适度规模的农林牧渔的生产、加工和销售，实行自主经营、自我积累、自我发展、自负盈亏和科学管理的企业化经济实体。

党国英认为，家庭农场是指拥有较大经营规模、能保证农户家庭主要劳动力充分就业的农业产业组织形态，在现阶段，家庭农场的主体应该是现有农村居民。

高强等认为，家庭农场是以家庭经营为基础，融合科技、信息、农业机械、金融等现代生产因素和现代经营理念，实行专业化生产、社会化协作和规模化经营的新型微观经济组织。

黄新建等认为，家庭农场应当是以家庭经营为基础，以适度规模经营为目标，以高效的劳动生产率从事农产品的商品化生产活动，获取与农户从事非农产业收入相当甚至略高的经济利润的经济单位。

傅爱民、王国安认为，家庭农场既具有家庭经营方式又具有企业化的经营方式，是以家庭为基本单位，以适度规模的土地为劳动对象，以有效率的劳动、商业化的资本和现代化的技术为生产要素，以商品化生产为主要目的的农户生产企业。

较早推行家庭农场经营模式的上海松江区对家庭农场的定义为：以同一行政村或同一村级集体经济组织的农民家庭（一般为

夫妻2人或同户家庭劳动力2~3人）为生产单位，从事粮食、生猪养殖等生产活动的农业生产经营形式；家庭农场经营者是主要依靠家庭劳动力的自耕农。

2014年，《农业部关于促进家庭农场发展的指导意见》中对家庭农场的定义为：家庭农场是以农民家庭成员为主要劳动力，以农业经营收入为主要收入来源，利用家庭承包土地或流转土地，从事规模化、集约化、商品化农业生产的新型农业经营主体。

可以看出，目前，学界和政府对如何定义家庭农场尚不完全一致，对家庭农场的定义各有侧重，学者的定义更多地强调家庭农场的内含，而政府的定义更多地注重政府的政策导向。

（二）家庭农场的基本特征

从对学界和政府对家庭农场概念的理解，可以看出，家庭农场作为一种农业经营主体，与普通农户、专业大户、农业企业和农业合作社等主体相比，具有以下基本特征。

1. 家庭农场是家庭联产承包责任制后又一种现代新型的农业经济组织形式

在中国，发展家庭农场的前提是土地的所有权归集体所有，承包权归农户所有，家庭农场拥有土地经营权。这是中国式家庭农场与其他国家家庭农场在产权形式上的不同。家庭农场与专业大户、农业合作社和农业企业一起构成中国农业发展的市场主体，是为解决分散经营的农户经营规模过小，难以有效地参与市场竞争的问题，是遵循市场机制的原则，以市场价格和有效的市场竞争为导向配置资源。至于家庭农场应该定位于“企业”还是“个体工商户”，有待政府政策的明确。

2. 家庭农场是以家庭成员为主要劳动力的家庭经营为基础

强调家庭成员是家庭农场的经营主体，是家庭农场区别于以雇工为主要劳动力的工商资本农业企业的主要特征。家庭农场应该以自有劳动为主，依靠家庭劳动力能够基本完善经营管理。但这并不能否认家庭农场对一定数量雇工的需求。由于农业生产存在明显的季节性，在特定环节必须部分地雇佣家庭成员之外的劳动力，当然，相对于农业经营的产业链和全过程而言，这种雇佣关系具有短期性和补充性。这一点也与中国农村农业成熟劳动力的相对不足相契合。

3. 家庭农场以适度规模经营为前提

这是家庭农场区别于普通农户的主要特征。规模经营是现代农业的重要特征之一。只有保证农业经营达到一定规模，才有助于实现农业生产经营的集约化、商品化和科技化，才有助于有效提高农业生产效率，才有助于提高市场竞争力，才能保证家庭农场经营者具有较高的收入水平。家庭农场适度规模的确定应该基于公平和效率的原则。基于公平原则，家庭农场经营者的收入，应该至少不低于甚至稍高于当地城市居民的中等收入水平；基于效率原则，家庭农场应该在现有技术条件下，家庭成员确保生产效率的前提下所能经营的最大规模。在实际工作中，不同立地条件、不同作物类型、不同程度的社会化服务组织发育状况等，都会对家庭农场适度规模的选择产生影响，甚至具有相当大的差异，不能一概而论。

4. 家庭农场是以追求利润最大化经营的农业收入为主

家庭农场的内涵决定了家庭农场必须以农业收入为主，这也是家庭农场区别于其他产业经营的最重要特征。家庭农场应该以市场价格为导向，按照企业管理模式进行成本核算、加强运营管理、追求最大利润，这是家庭农场经营与企业经营的极大相似之处，这也应该是把家庭农场工商登记为“企业”的主要原因。

5. 家庭农场是新型职业农民的载体

家庭农场经营者不仅是有种田能力的职业农民，而且是懂技术、善管理，能够善于把握市场的专业化的生产经营者。新型职业农民群体的培育和形成是中国现代农业发展的希望所在，而这恰是制约中国现阶段农村发展的关键瓶颈。家庭农场作为新型农村经营主体的确立，有助于新型职业农民群体的形成，反过来讲，新型职业农民群体的形成，也有助于促进家庭农场等新型农村经营主体的发展。

（三）家庭农场与其他农村新型经营主体的关系

家庭农场、专业大户和农民合作社被认为是重要的农村新型经营主体。三者的共同之处都是期望能够扩大农业经营规模，充分利用现代农业生产要素和科技，提高农业生产和经营效率，以解决农业生产经营分散、规模过小以及农民收入水平难以有效提高的问题。

截至目前，对专业大户并没有清晰的定义和内涵的界定。实际上，我们认为，专业大户和家庭农场没有本质上的区别，只不过没有对专业大户的经营规模和雇工的多少给予像家庭农场那样的清晰界定而已，而家庭农场明确规定生产经营以家庭劳动力为主，这实际上应该是家庭农场与专业大户、农业合作社以及农业企业等农村经营主体的最大的区别和优势所在。正如著名经济学家林毅夫所言，家庭农场的优越性在于农民为自己生产。

未来农民合作社将是家庭农场和专业大户的自愿联合。农民合作社是农民采取自愿联合、民主管理而形成的互助性经济组织。然而，在现实中，由于大多数农户生产规模过小，使得它参与合作社的实际收益微乎其微，从而导致许多以小农户为主体的合作社激励缺失而名不副实，或以失败告终，但是通常具有较大规模的家庭农场则不同，其合作收益可能远远大于合作成本，从而产生强烈的合作愿望。因此，鼓励家庭农场、专业大户之间组建合作社，有助于真正形成具有较强市场竞争力的农业专业合作经济组织。

二、发展家庭农场政策的提出及意义

（一）发展家庭农场政策的提出

在中国，农村家庭联产承包责任制实施后，在一些经济相对发达地区，家庭农场经营方式就已经出现一定的发展苗头，那些通过向集体承包、转包或向其他农户流转较多土地的农户，实行专业化、规模化经营，通常被称之为大户或家庭农场。这可以看做是中国现代家庭农场的雏形，只不过从概念、制度和政策上没有对该经营方式进行明确的甄别和界定。

家庭农场概念的首次提出是在中央全会的报告中。2008 年，十七届三中全会报告提出，有条件的地方可以发展专业大户、家庭农场、农民专业合作社等规模经营主体。然而，报告并没有从内含和政策上对家庭农场进行清晰地界定。2013 年，中共中央、国务院《关于加快发展现代农业，进一步增强农村发展活力的若干意见》明确指出，农业生产经营组织创新是推进现代农业建设的核心和基础。要坚持依法自愿有偿原则，引导农村土地承包经营权有序流转，鼓励和支持承包土地向专业大户、家庭农场、农民合作社流转，发展多种形式的适度规模经营。继续增加农业补贴资金规模，新增补贴向主产区和优势产区集中，向专业大户、家庭农场、农民合作社等新型生产经营主体倾斜。这是“家庭农场”的概念首次在中央一号文件中出现。随后，《农业部关于促进家庭农场发展的指导意见》对家庭农场的概念进行了较为清晰地界定。

（二）发展家庭农场的意义

家庭承包经营作为我国农村经济体制改革最具决定意义的一项制度，在一定时期内，有力促进了农业生产力的发展和农村社会经济的进步。然而，随着社会经济的快速转型和发展，农村熟练劳动力流向城市和其他产业，农村劳动力出现严重短缺现象，甚至许多地方发生了大量的土地闲置现象，致使农业生产经营效率下降，农民增收困难，农业科技的推广应用缓慢。家庭承包经营这一“超小型”的家庭组织已无法满足发展现代农业的要求。在此状况下，国家及时采取规范、鼓励和扶持创办家庭农场的政策，具有极其重要的意义。主要体现在以下 6 个方面。

1. 有助于克服和消除小农经济的弊端

在中国，随着农业成熟劳动力的流失，农地严重细碎化的小规模农户经营已成为农业生产力发展的严重桎梏。家庭农场强调以自家劳动力为主要劳动力，使小块土地的分散经营转变为土地较为集中的适度规模经营，符合农业生产特点的要求，能够保护农户经营农业的优势，可以有效消除土地经营细碎化现象，克服小农生产的弊端。

2. 有助于促进农业适度规模经营，提高劳动生产率

土地生产细碎化是发展规模农业、提高土地产出效率和农产品竞争力最大的障碍。中央提出鼓励和扶持家庭农场、专业大户和农业合作社等农村新型经营主体的发展，家庭农场一方面可以通过土地交易流转获得农民的土地，适度集中由原来农户分散经营的土地，降低农业生产经营成本，使闲置土地发挥最大效益。有研究显示，随着家庭农场的农地经营规模扩大，其平均亩产量逐渐下降，规模 500 亩（1 亩=666.7 平方米，下同）以上的家庭农场单产为 860kg/亩，而规模 100～200 亩的家庭农场单产为 970kg/亩；另一方面政府政策向家庭农场等新型经营主体的倾斜，可以制约工商资本对土地的大规模占有，从而实现农业的适度规模经营。

3. 有助于推动农业产业方式转型

“人均一亩三分，户均不过十亩”的小规模农业经营导致农业，尤其粮食生产收入低下，农业熟练劳动力流失和农户“兼业化”现象严重。家庭农场对土地的适当集中能够实现“小农”生产向专业化、规模化、集约化农业生产的转变，有效解决“谁来

种地、怎样种好地”的问题，从而完成农业及其生产方式的转型和升级。

4. 有助于形成新的“职业农民”阶层，活跃城乡社会和经济

家庭农场以家庭成员为主要劳动力，以农业收入为家庭主要收入，能够使“有种田能力的农民”独立出来专门从事农业生产和经营，成为“职业农民”，实现农业经营的“职业化”。农村中“职业农民”阶层的形成对活跃城乡社会和经济具有重要的意义。

5. 有助于农业科技和先进机械的示范、推广和应用

当前，农业科技和生产人员处于 2 个极端——一端是缺乏农业生产和实践经验的“高大上”的农业科研人员；另一端是只能从事简单的田间管理的传统农业生产者。土地经营规模的狭小也导致普通农户不愿或难以采用新技术和新装备。舒尔茨在《改造传统农业》的开篇中写道：“一个像其祖辈那样耕作的人，无论土地多么肥沃或他如何辛勤劳动，也无法生产出大量食物。”家庭农场的适度规模经营和追求利润最大化的特征，能够激发农业新科技和先进机械的示范、推广和应用。

6. 有助于实现农业标准化技术生产，有效保证农产品质量

家庭农场由具有较高素质和先进农业经营理念的“职业农民”进行专业化、规模化、集约化和组织化生产、管理和经营，能够更容易采取标准化技术，产品能够更好地追根溯源，从而有效保证农产品品质。

三、家庭农场发展的成功经验——以上海松江区为例

在中国，虽然中央提出家庭农场的概念比较晚，但一些先进地区和农户早已开始了有意义的积极探索。早在 20 世纪 80—90 年代，一些种田能手通过承包和流转土地，从事农业专业化、规模化生产，已经具备了家庭农场的基本特征。

农业部 2013 年的调查显示，截至 2012 年年底，全国共有符合

统计标准的家庭农场87.7万个，经营耕地面积1.76亿亩（15亩=1公顷。全书同），占全国承包耕地面积的13.4%，经营面积100亩以上的专业大户、家庭农场有270多万户；家庭农场平均经营规模达到200.2亩，是全国承包农户平均经营耕地面积7.5亩的近27倍；从事种养业的家庭农场达到86.1万个，占家庭农场总数的98.2%；2012年，全国家庭农场经营总收入为1 620亿元，平均每个家庭农场为18.47万元。

各地实践证明，家庭农场是促进家庭经营集约化、专业化、规模化的有效形式，是促进农业转型、培养新型职业农民的有效路径。进入21世纪以来，上海市松江区、吉林省延边朝鲜族自治州、安徽省郎溪县、湖北省武汉市以及浙江省宁波市等地在家庭农场培育和发展方面，取得了显著成效。从各地家庭农场建设规范和发展成效来看，上海市松江区发展家庭农场的政策和经验更具有代表性。

2007年，上海松江区开始探索发展规模在100~150亩的粮食家庭农场，并在粮食家庭农场发展的基础上，推进“种养结合”“机农一体”家庭农场发展。至2012年年底，全区家庭农场发展至1 206户、经营面积13.66万亩，占全区粮田面积的80%，其中，种养结合家庭农场53户，机农一体家庭农场140户，取得了生产发展、农民增收、环境改善和保护耕地的良好效果，得到了中央的高度肯定。

2007年以来，松江区先后出台《关于鼓励发展粮食生产家庭农场的意见》《关于进一步巩固家庭农场发展的指导意见》《关于松江区家庭农场考核和补贴的实施意见》和《关于进一步规范家庭农场发展的意见》。纵观松江区家庭农场的发展，其成功经验主要有以下7个方面。

（一）对家庭农场经营进行清晰界定和良好规范

上海市松江区《关于进一步规范家庭农场发展的意见》明确指

出，家庭农场是指以同一行政村或同一村级集体经济组织的农民家庭（一般为夫妻 2 人或同户家庭劳动力 2~3 人）为生产单位，从事粮食、生猪养殖等生产活动的农业生产经营形式；家庭农场经营者是主要依靠家庭劳动力的自耕农。并确定了发展家庭农场的 5 项基本原则，即“农民自愿有偿”“经营者自耕”“适度规模”“土地流转费合理”“经营者择优”。《意见》对家庭农场定义和基本原则的清晰界定，使家庭农场经营具有了良好的规范和认定标准。

（二）强调农户自愿，增强家庭农场的稳定性

确保土地经营的长期性和稳定性是家庭农场可持续发展的基础。土地流转不搞行政命令和强制，强调普通农户依法自愿有偿地转出承包土地以及家庭农场自愿有偿地转入土地，能够切实保障普通农户和家庭农场经营者的权利，确保家庭农场生产经营的稳定性和持续性。目前，全区家庭农场承包期在 3 年以上的达到 1 134 户，占 89.5%。

（三）结合当地实际，因地制宜确定经营规模

松江区明确，家庭农场经营土地规模要与经营者的劳动生产能力相适应，既不能超出经营者现有生产能力而盲目扩张，也不能放空生产能力而人为缩小。根据社会经济发展水平和农业生产力水平，确定现阶段家庭农场的土地规模为 100~150 亩，能够兼顾家庭农场收入水平并确保农业生产效率。

（四）建立公开透明择优的准入和退出机制

松江区明确，家庭农场经营者必须要有一定的准入条件，包括户籍、年龄、身体素质、敬业精神、农业知识、农机操作技能等方面，要在农户自愿申请的基础上择优选用。新进家庭农场经营者试用一年，年度考核不合格的，自动终止家庭农场承包经营协议；考核合格的，成为正式家庭农场经营者。并制订了一系列详细明确的

家庭农场经营者的准入和退出条件，坚持资格审查、民主评定和公示签约等程序，确保家庭农场的建立和经营在公开、公平、公正的透明环境下实施，使得土地始终掌握在愿意而且有能力搞好生产经营的家庭农场经营者手中。

（五）建立有效的考核和补贴政策

首先，松江区对家庭农场经营制定有严格规范的考核标准和程序，然后，根据考核结果和具体分值，确定补贴标准，将补贴资金以“一卡通”形式直接拨付给家庭农场。这种以奖代补的补贴方式，能够有效激发家庭农场经营者的积极性，使一大批有知识、有能力、高素质的年轻人返乡经营家庭农场。据统计，与2008年相比，全区家庭农场经营者的平均年龄从53岁下降到49岁，39岁以下的由35户增加到169户，高中及以上文化程度的由32户提高到183户。

（六）健全和注重对家庭农场的培训制度

对家庭农场经营者实行分级资格培训，强化农业科技、农机使用等生产管理知识，鼓励农场间开展经验交流和相互学习。2008年以来，全区共培训家庭农场经营者6 500多人次。目前，全区73%的家庭农场经营者拥有农业职业证书，其中，获得中级以上证书的比例超过60%。

（七）强化和完善家庭农场配套服务体系

围绕家庭农场的生产需求，专门制定了《家庭农场农业服务模式》，印发了《家庭农场服务手册》，建立了涵盖良种繁供、农资配送、烘干销售、农技指导、农业金融和气象信息等内容的专业化服务体系。鼓励家庭农场与普通农户、农民合作社、农业企业、农业社会化服务组织等各类主体密切合作，相互融合。围绕发展家庭农场，松江区2009年组建29家农机专业合作社，为家庭农场水稻生产提供全程机械化作业服务，并实行“大机专业化，小机家庭化”的农机服务模式；一些农业企业则通过订单农业等多种形式，与家庭农场形成紧密的利益联合体，共同参与市场竞争。目前，松江区有16家农业龙头企业，352家农民合作社，与1 267户家庭农场和5 300多个各类专业农户一起，共同勾画出一个立体式复合型现代农业经营体系的雏形。

四、国家和省扶持家庭农场发展的政策措施

自2013年中央一号文件提出，农业补贴要向专业大户、家庭农场、农民合作社等新型生产经营主体倾斜。各级政府针对家庭农场发展相继积极出台了相关扶持政策，有效促进了家庭农场的发展。

（一）国家层面扶持家庭农场发展的相关政策

2014年2月，农业部《关于促进家庭农场发展的指导意见》明确强调，要从探索建立家庭农场管理服务制度、引导承包土地向家庭农场流转、落实对家庭农场的相关扶持政策、强化面向家庭农场的社会化服务、完善家庭农场人才支撑政策等方面促进家庭农场的发展。意见要求，各级农业部门要将家庭农场纳入现有支农政策扶持范围，并予以倾斜，重点支持家庭农场稳定经营规模、改善生产条件、提高技术水平、改进经营管理等。加强与有关部门沟通协调，推动落实涉农建设项目、财政补贴、税收优惠、信贷支持、抵押担保、农业保险、设施用地等相关政策，帮助解决家庭农场发展中遇到的困难和问题。

2014年2月，《中国人民银行关于做好家庭农场等新型农业经营主体金融服务的指导意见》明确，将从以下方面为促进家庭农场发展提供有效的金融支持。切实加大对家庭农场等新型农业经营主体的信贷支持力度；合理确定贷款利率水平，有效降低新型农业

经营主体的融资成本；适当延长贷款期限，满足农业生产周期实际需求；合理确定贷款额度，满足农业现代化经营资金需求，原则上，从事种植业的专业大户和家庭农场贷款金额最高可以为借款人农业生产经营所需投入资金的70%，其他专业大户和家庭农场贷款金额最高可以为借款人农业生产经营所需投入资金的60%，家庭农场单户贷款原则上最高可达1 000万元；加快农村金融产品和服务方式创新，积极拓宽新型农业经营主体抵质押担保物范围；加强农村金融基础设施建设，努力提升新型农业经营主体综合金融服务水平，探索将家庭农场纳入征信系统管理，将家庭农场主要成员一并纳入管理，支持守信家庭农场融资；综合运用多种货币政策工具，支持涉农金融机构加大对家庭农场等新型农业经营主体的信贷投入，拓宽家庭农场等新型农业经营主体多元化融资渠道；加大政策资源整合力度，人民银行各分支机构要积极推动当地政府出台对家庭农场等新型农业经营主体贷款的风险奖补政策，切实降低新型农业经营主体融资成本，等等。

（二）省级层面扶持家庭农场发展的政策措施

从省级层面看，截至目前，多个省、直辖市和自治区政府制定了相关扶持和促进家庭农场发展的具体政策和措施。

浙江省人民政府《关于培育发展家庭农场的意见》明确，从引导土地（含林地、水面）流转、强化财政支持、加快人才培养、落实用地政策、执行税费优惠政策、加强信贷支持力度和优化农业保险服务等7个方面加强对家庭农场的扶持。

安徽省人民政府制定了《关于培育发展家庭农场的意见》和《示范家庭农场认定办法》（试行）。意见指出，从稳妥推进土地流转向家庭农场倾斜、支持家庭农场基础设施建设、引导家庭农场加强农产品质量安全建设、强化农业社会化服务、加大财政金融税收支持力度、加强农业保险服务、维护家庭农场合法权益、加强组织领导等8个方面对家庭农场采取扶持措施。

甘肃省人民政府《关于培育发展家庭农场的指导意见》明确提出的家庭农场扶持政策，包括加强财政支持、落实基础设施建设用地、加强金融保险税收支持、加大技术服务支持等 4 个方面。

四川省人民政府《关于培育和发展家庭农场的意见》明确提出的扶持家庭农场发展的政策措施，包括完善登记服务、开展示范创建、引导土地流转、加强财政扶持、强化金融支持、保障用地用电用水、强化社会化服务和加强人才培养等。

湖南省人民政府《关于加快培育发展家庭农场的意见》明确强调从财政、金融、用地和税费等方面对家庭农场加强支持力度。

上海市政府《关于本市加快推进家庭农场发展的指导意见》明确建立、扶持发展家庭农场的政策措施，包括引导土地优先流向家庭农场、建立家庭农场登记建档制度、健全家庭农场财政扶持政策、执行家庭农场工商税费扶持政策、加大金融保险电力支持力度、完善家庭农场人才培育培训、强化对家庭农场提供社会化服务等。

2013 年 8 月 29 日，山东省政府发布了《关于积极培育家庭农场健康发展的意见》（以下称《意见》）。《意见》明确指出了培育家庭农场健康发展的重要意义，明确了家庭农场发展的指导思想和目标任务，制订了培育家庭农场的工作重点和相关工作措施，强调落实扶持家庭农场发展政策和工作保障。

《意见》认为，家庭农场是指在家庭联产承包责任制的基础上，以农民家庭成员为主要劳动力，运用现代农业生产方式，在农村土地上进行规模化、标准化、商品化农业生产，并以农业经营收入为家庭主要收入来源的新型农业经营主体。要求家庭农场发展要坚持农民自愿、因地制宜，市场主导、政策扶持，家庭自营、适度规模、生态安全，农地农有、农地农用的基本原则，强化政策引导，遵循市场经济规律，加快农业生产经营方式转变，争取“十二五”期间在粮食、蔬菜、渔业、畜牧、果业等农业产业领域培育一批产业特色鲜明、运作管理规范、社会效益好、带动作用大的家庭农场。

山东省政府强调要从财政扶持、金融支持、经营用地和登记注册等4个方面落实对家庭农场发展的扶持。

1. 加大财政扶持

各地要继续增加农业补贴资金规模，新增补贴向主产区和优势产区集中，向专业大户、家庭农场、农民合作社等新型生产经营主体倾斜，使家庭农场享有与专业大户、农民合作社等经营主体同等的财政扶持政策。重点扶持发展家庭农场示范场。

2. 加强金融支持

金融机构要积极开展金融创新，根据家庭农场等新型农业经营主体的特点，探索创新金融产品，制定专项信贷政策和金融服务措施，着力支持家庭农场发展，特别是要加大基础设施和固定资产投资方面的金融支持力度。保险机构要在政策性农业保险基础上，创新商业性农业保险品种，提供各种保险服务，降低家庭农场的经营风险。

3. 落实经营用地等优惠政策

对家庭农场因农业生产需要，直接用于养殖的畜禽舍、工厂化作物栽培或水产养殖的生产设施用地及其相应的附属设施用地，要切实按照《国土资源部农业部关于完善设施农用地管理有关问题的通知》（国土资发〔2010〕155号）、省国土资源厅等部门《关于完善设施用地管理的实施意见》（鲁国土资发〔2012〕3号）办理相关手续。对家庭农场所需的农产品加工场地等建设用地，在符合土地利用规划、城市建设规划和农业相关规划的前提下，由当地政府予以优先安排，按规定办理用地有关手续。要确保家庭农场享受国家各项惠农及税收政策。

4. 搞好登记注册服务

各级工商、农业部门要按照《山东省家庭农场登记试行办法》，指导家庭农场办理工商登记注册，确定其合法的市场经营主体资格。落实家庭农场免收登记注册费、验照年检费和工本费的规定。

明确提出了培育和发展家庭农场的具体工作措施，主要包括加强土地流转服务体系建设、加强农业社会化服务体系建设、加强新型农民职业培训和开展家庭农场示范场创建活动等 4 个方面。

五、家庭农场登记注册的条件及办法

目前，从国家层面看，国家工商总局还没有针对家庭农场的注册登记制订相关办法。但很多省市，如河南、山西、安徽等省已经分别制定了相关登记办法。2013 年 5 月，山东省工商局制定了《山东省家庭农场登记试行办法》，该办法的有效期至 2015 年 5 月 15 日，但至今，还没有新的登记办法出台。

该试行办法规定，以家庭或家庭成员为主要投资、经营者，通过经营自有或租赁他人承包的土地、林地、山地、水域等，从事适度规模化、集约化、商品化农、林、牧、渔业生产经营的，可以依法登记为家庭农场。依法申请登记的家庭农场应符合以下条件。

一是家庭农场经营者应具有农村户籍；

二是以家庭成员为主要劳动力；

三是以农业收入为家庭收入主要来源；

四是经营规模相对稳定，土地相对集中连片。土地租期或承包期应在 5 年以上，土地经营规模达到当地农业部门规定的种植、养殖要求。

规定家庭农场登记申请人自愿选择登记及组织形式。家庭农场可登记为个体工商户、个人独资企业。符合法律法规规定条件的，也可以申请登记为合伙企业、公司等其他组织形式。申请家庭农场设立登记应当提交下列登记材料。

（1）设立登记申请书。

（2）申请人身份证明。

（3）《农村土地承包经营权证》《林权证》《农村土地承包经

营权流转合同》等经营土地、林地的证明。

家庭农场申请人可以以货币、实物、土地承包经营权、知识产权、股权、技术等多种形式、方式出资，家庭农场按个体工商户、个人独资企业、合伙企业及农民专业合作社举办的，其出资采用自行申报制；其他组织形式举办的，应符合其登记所依据的法律法规。家庭农场注册登记免收注册登记费、验照年检费和工本费。从事家庭农场经营者，应当在取得营业执照后 30 日内，向登记地农业等部门备案。

模块二：农民专业合作社

当前，农业农村发展进入新阶段，农业兼业化、农村空心化、农民老龄化的形势严峻，谁来种地、怎样种好地的问题亟待解决。面对新形势，必须加快构建新型农业经营体系，培育新型经营主体，转变农业经营方式。农民专业合作社、家庭农场、专业大户、农业龙头企业、社会化服务组织等是当前主要的新型经营主体。

一、发展农民专业合作社的意义

农民专业合作社作为新型农业经营主体，以农民成员为主体，在家庭承包经营的基础上，把农产品的生产经营者或者农业生产经营服务的提供者、利用者，通过自愿联合、分工协作，采取民主管理的方式而成立，是具有法人资格的互助性经济组织。这不但提高了农民的组织化程度，也会促进农业增效，农民增收。这种经营主体适合我国基本国情，符合农业生产特点，契合经济社会发展阶段，是转变农业经营方式，发展现代农业的有生力量。

党的“十八大”报告指出：发展农民专业合作和股份合作，培育新型经营主体，发展多种形式规模经营，构建集约化、专业化、组织化、社会化相结合的新型农业经营体系。

2013 年中央一号文件指出：农民合作社是带动农户进入市场的基本主体，是发展农村集体经济的新型实体，是创新农村社会管理的有效载体。按照积极发展、逐步规范、强化扶持、提升素质的要求，加大力度、加快步伐发展农民合作社，切实提高引领带动能力和市场竞争能力。鼓励农民兴办专业合作和股份合作等多元化、多类型合作社。

据调查，我国有不少地方的农民专业合作社，农民积极开展多种形式的合作与联合，既有围绕某些特定农产品的生产、销售、加工而展开的农民专业合作社，也有实行土地股份合作制的农业生产联合组织，还有合作社联合社。它们的共同特点就是着力解决农民一家一户办不了、办不好、办起来不经济的事情。在服务能力方面，有些地方的合作社经济技术服务能力，不仅能够满足自身社员的需要，还能够向非社员提供社会化的服务，从而发挥着带动更多农户发展现代农业的作用。

2015 年中央一号文件指出："加快构建新型农业经营体系。坚持和完善农村基本经营制度，坚持农民家庭经营主体地位，引导土地经营权规范有序流转，创新土地流转和规模经营方式，积极发展多种形式适度规模经营，提高农民组织化程度""引导农民专业合作社拓宽服务领域，促进规范发展，实行年度报告公示制度，深入推进示范社创建行动。"

为支持、引导农民专业合作社的健康发展，规范农民专业合作社的组织和行为，保护农民专业合作社及其成员的合法权益，促进农业和农村经济的发展，国家和地方政府相继出台了若干法律法规。如 2006 年 10 月，《中华人民共和国农民专业合作社法》颁布，2007 年 7 月 1 日起施行。2007 年 5 月国务院公布了《农民专业合作社登记管理条例》，自 2007 年 7 月 1 日起施行。2007 年 6 月农业部公布了《农民专业合作社示范章程》，自 2007 年 7 月 1 日起施行。2007 年 12 月，财政部公布了《农民专业合作社财务会计制度（试行）》规定，自 2008 年 1 月 1 日起施行。2010 年 3 月 31 日山东省第十一届人民代表大会常务委员会第十六次会议通过《山东省农民专业合作社条例》，于 2010 年 5 月 1 日起施行。国家工商行政管理总局通过《农民专业合作社年度报告公示暂行办法》，自 2014 年 10 月 1 日起施行等。

二、农民专业合作社发展简介

（一）世界合作社发展简介

合作社是市场经济发展的产物。市场经济体制下，农民和城乡其他方面的弱势群体，为了维护自身利益，改善自己的生产生活条件，自发开展的互助合作运动。

世界上合作经济组织发展已有 170 多年的历史。

1. 代表人物—欧文

英国空想社会主义者罗伯特·欧文，是合作社运动早期的著名代表，他把合作社作为改造资本主义制度的一种手段。欧文为传播合作社思想、为试验合作社奔波了一生。

2. 第一个合作社—罗虚代尔公平先锋社

世界上公认的第一个合作组织，是 1844 年在英国兰开夏郡成立的“罗虚代尔公平先锋社”。该社初创时，28 名纺织工人入股，开设了一家合作商店。每人入股，每股 1 英镑，每人一票表决权。主要经营蜡烛、火柴、奶酪等生活日用品。租一间地下室，每天营业 2 小时，社员按交易量返还盈利。到 20 世纪初，该合作社拥有了连片的商店，有了自己的加工厂。该社社员按交易量实行盈利返还的原则，被国际合作社联盟认可，至今这一原则全世界的合作社仍在通用。

3. 国际合作社运动的兴起

由于罗虚代尔公平先锋社的成功，英国合作社运动迅猛发展，欧美其他国家也迅速兴起，而且，很多国家具有了自己的特色。英国的合作社以城市为基地，以消费合作社为主导。法国的合作社以农村为基地，以生产合作社为主导。德国的合作社，以农村为基地，以信用合作社为主导。美国的合作社特点，一是农场主合作社占主导地位；二是立法早，1857—1865 年，美国有 10 个州通过了合作社立法，充分保护了合作社的发展。

4. 国际合作社联盟成立

合作社的发展和国际联系的不断加强，1895 年在伦敦召开了国际合作社联盟第一次代表大会，14 个国家的 35 名代表出席。1896 年在巴黎召开了第二次代表大会，正式通过了联盟章程。此后，联盟基本每 3 年召开一次代表大会。合作社联盟不断完善合作社原则，现行的合作社原则是 1995 年颁布的。即自愿开放的社员原则；社员民主管理的原则；社员经济参与的原则；自主和自立的原则；教育、培训和信息的原则；合作社间的合作原则；关心社区的原则。

5. 世界合作社发展迅速

合作经济组织已遍布 160 多个国家和地区，社员 8 亿多户，规模也不断扩大，例如，加拿大 17 家非金融机构合作社跻身于本国 500 家最大企业行列。美国 20 家合作社企业年营业额超 10 亿美元。瑞典、挪威、丹麦 3 个国家的消费合作社成立了北欧消费合作总社。

随着合作社的不断发展，合作社的经营范围也不断拓展，在农业、工业、流通、金融保险、交通运输、科技文化、教育、医疗、能源等领域广泛开展。许多国家农业仍然是合作社发展的重点领域。

（二）国外合作社的发展情况

1. 美国

在美国 7 个农场主有 5 个参加合作社，有的农场主会参加几个合作社。几乎主要的农作物都有合作社，玉米合作社、小麦合作社、大豆合作社、水果合作社、坚果合作社、肉牛合作社、生猪合作社等等。乳牛合作社是美国最富有的合作社。合作社加工的农产品占全部农产品加工量的 80% 以上，合作社提供的化肥、石油占全部供应量的 44%左右，提供的贷款占全部贷款的 40%左右。

2. 法国

在法国90%的农场主是农业合作社成员。农业合作社年收购粮油占全国粮油产量的75%，合作社猪肉生产占全国的89%，饮用葡萄酒占60%。在全部食品出口中，合作社出口的谷物占45%，鲜果占80%，肉类占35%，家禽占40%。

3. 日本

日本农民几乎全部加入农协。在市场销售的农产品中，农协提供的米面占95%，水果占80%，全部畜产品占51%，家禽占80%。在供应的农业生产资料中，农协提供的肥料占92%，饲料占40%，农业机械占47%，农药占70%。

4. 德国

在德国有五大类型专业合作社，一是农业合作社，主要是种植和养殖方面的合作社；二是手工业合作社，主要是乡村手工业和工业方面的合作社；三是住宅合作社，主要是住宅建筑、住宅管理方面的合作社；四是消费合作社，主要是饮食服务、商业服务方面的合作社；五是信用合作社。

例如，德国住房合作社情况。德国合作社建造的住宅占德国新建住宅总数的30.9%。德国现在有2 000个住房合作社，管理着200万套住房，有300万以上的成员。柏林住房合作社超过80个，管理18万套住房。19世纪末德国城市化进程加快，出现了城市住房短缺的情况，住房合作社开始出现。最早的合作建房开始于1867年。每个合作社都有自己的章程，加入合作社要交纳一定的费用，从几百到几千欧元不等。合作社是民间性质的。政府为了把合作社这种非盈利性、互助建房、抵制投机的理念传承下去，2006年成立了德国住房合作社市场促进会，鼓励这种住房形式。对住房合作社建造出租的房屋，政府实行免税政策。

（三）我国合作社发展简介

1911年辛亥革命前后，合作经济思想开始传入我国，合作社实践活动开始出现。

1. 民间推动合作社发展时期

中国第一个合作社组织。1918 年 7 月，北京大学成立“北大消费公社”，这是中国第一个合作社组织。投入资本 1 万元，主要经营图书、文具和日常用品，是一个消费型的合作社。

1919 年，上海复旦大学创办“上海国民合作储蓄银行”，这是中国最早的信用合作社。

1920 年，长沙成立“湖南大同合作社”，是中国最早的生产型合作社，主要生产毛巾、袜子、衣服等，还种植蔬菜、喂养家禽。这一时期各地合作社进入快速发展时期。

1922 年，安源路矿工人大罢工胜利后，在中国共产党的领导下，成立了安源路矿工人消费合作社。这是中国共产党领导的最早的合作社。

1923 年，在河北省成立农村信用合作社，1923—1927 年，合作社由 8 个发展到 561 个，社员由 256 人增加到 13 190人，股金由 286 元增加到 20 698元。

2. 政府推动合作社发展时期

国民党对合作社发展是重视的。孙中山 1919 年就主张发展“农业合作”“工业合作”。1928 年官办的合作社在江苏省、浙江省展开。1931 年南京政府颁布《农村合作社暂行规章》，1934 年颁布了《合作社法》。国民党败退台湾省以后，在农村工作中重点抓了两件事，一是搞了土地改革；二是发展了农业合作社。现在，台湾省农民绝大多数参加合作社。

中国共产党一向重视合作社运动。1927 年毛主席发表《湖南农民运动考察报告》，视合作社为第一次国内革命战争中农民运动的 14 件大事之一。1932 年中华苏维埃共和国临时中央政府颁布《合作社暂行组织条例》。1933 年苏区国民经济人民委员部颁发《发展合作社大纲》。抗日战争时期，陕甘宁边区政府和其他抗日根据地发展了一大批合作社。1943 年毛主席在陕甘宁边区劳动英雄大会上发表了《组织起来》的讲话，集中讲合作社。解放战争时期，各解放区合作社有了很快发展。

新中国成立以后，毛主席、党中央把合作社看做是农民走向社会主义道路的有效组织形式。互助组、初级社、高级社，很快进入了人民公社。人民公社是工农商学兵一体，特点是一大二公，最终走向解体。合作社是市场经济条件下，弱势群体为获得更大利益而自愿组成的互助性经济组织，而人民公社是计划经济体制下的产物，与合作经济组织的本质要求，有明显的差异。

三、农民专业合作社的概念、内涵、原则

（一）农民专业合作社的概念

《中华人民共和国农民专业合作社法》第二条给出了明确概念，“农民专业合作社是在农村家庭承包经营基础上，同类农产品的生产经营者或者同类农业生产经营服务的提供者、利用者，自愿联合、民主管理的互助性经济组织”。

（二）农民专业合作社概念内涵需把握的几点

第一，农村家庭承包经营基础不能动摇。在坚持农村土地集体所有的制度下，农户对其依法承包的土地享有占有、使用和收益的权利。这就需要明确 2 个基本问题：一是明确农户拥有对土地的承包经营权，它不改变农村土地的集体所有权；二是明确对承包到户的集体土地，只要不改变合同规定的用途，承包农户可以自主选择各种实现土地收益的经营形式。农户可以自己经营自己的承包土地，也可以向他人出租承包土地的经营权；可以与本集体经济组织的成员自愿互换各自所承包的地块，也可以和其他农户以土地股份合作制的形式发展农业的合作生产；可以将承包土地的经营权用于向金融机构抵押、担保融资，还可以将承包土地的经营权作为股份

投入到农业产业化的经营中去，等等。

以上情况，土地的承包关系均不发生变化，原承包农户仍拥有土地承包者的权利。

第二，概念中的“同类”一词指的是广义上的同类，而非狭义上的同类，它既包括同类农产品的生产经营者，也包括与农业生产经营有关的服务的提供者、利用者。例如，奶牛养殖专业合作社，养奶牛的农户是“同类农产品的生产经营者”，而畜牧兽医人员、乳制品加工企业等相关链条上的生产经营服务的提供者、利用者，都可视为能加入奶牛养殖专业合作社的广义上的同类，均可加入该合作社。

第三，内涵和功能拓展。党的十八大后，对农民专业合作社的内涵和功能又有新拓展。即农民专业合作社是带动农户进入市场的基本主体，是发展农村集体经济的新型实体，是创新农村社会管理的有效载体。

第四，农民专业合作社成员没有地域限制，农民专业合作社以其成员为主要服务对象，可提供农业生产资料的购买，农产品的销售、加工、运输、贮藏以及与农业生产经营有关的技术、信息等服务。

（三）农民专业合作社的原则

《中华人民共和国农民专业合作社法》对农民专业合作社制定了5条原则。

第一，成员以农民为主体；

第二，以服务成员为宗旨，谋求全体成员的共同利益；

第三，入社自愿、退社自由；

第四，成员地位平等，实行民主管理；

第五，盈余主要按照成员与农民专业合作社的交易量（额）比例返还。

这5条原则具体的含义如下。

“成员以农民为主体”：是指依法成立的农民专业合作社，农民占的比例应在80%以上。

“以服务成员为宗旨，谋求全体成员的共同利益”：是指合作社要把高效、优质的服务提供给加入合作社的成员，合作社作为经济组织，有了盈余要与全体成员分享。

“入社自愿、退社自由”：是指在宣传发动的基础上，农民是否加入合作社，由其自己决定，不得强迫。同时，对于已经加入合作社的社员，若想退出合作社也是允许和自由的，但是这里指的自由是相对自由，不是绝对自由。《中华人民共和国农民专业合作社法》第十九条规定，农民专业合作社成员要求退社的，应当在财务年度终了的3个月前向理事长或者理事会提出；其中，企业、事业单位或者社会团体成员退社，应当在财务年度终了的6个月前提出，章程另有规定的，从其规定。退社成员的成员资格自财务年度终了时终止。

“成员地位平等，实行民主管理”：是指农民专业合作社是实行民主管理的，其成员在大会选举和表决时，实行一人一票制，每位成员不分职务大小、不考虑投资大小，各享有一票的基本表决权。但是，对投资大户或交易大户在某些事情的决定上，可以享受一定比例的附加票。《中华人民共和国农民专业合作社法》第十七条规定，对出资额或者与本社交易量（额）较大的成员按照合作社章程规定，可以享有附加表决权，附加表决权总票数，不得超过本社成员基本表决权总票数的20%。享有附加表决权的成员及其享有的附加表决权数，应当在每次成员大会召开时告知出席会议的成员。每个合作社在制定章程时，可以限制附加表决权行使的范围，例如，有的合作社章程规定，附加表决权仅限于重大经营决定时使用。

“盈余主要按照成员与农民专业合作社的交易量（额）比例返还”：是指农民专业合作社在弥补亏损、提取公积金后的当年盈余，为农民专业合作社的可分配盈余。可分配盈余按照《中华人民共和国农民专业合作社法》规定应返还或者分配给成员，具体分配办法按照章程规定或者经成员大会决议确定。要求首先按成员与本社的交易量（额）比例返还，返还总额不得低于可分配盈余的 60%；其次按前项规定返还后的剩余部分，再以成员账户中记载的出资额和公积金份额以及本社接受国家财政直接补助和他人捐赠形成的财产平均量化到成员的份额，按比例分配给本社成员。

四、农民专业合作社的设立登记与报告

（一）农民专业合作的设立

设立农民专业合作社，应当具备一定的条件，一般应具备下列 5 个方面的条件。

1. 有 5 名以上符合规定的成员

加入合作社的成员至少应在 5 人以上，同时，对于加入农民专业合作社的成员也有一定的要求。

第一，凡是具有民事行为能力且遵纪守法的公民以及从事与农民专业合作社业务直接有关的生产经营活动的企业、事业单位或者社会团体，能够利用农民专业合作社提供的服务或能为农民专业合作社提供服务，承认并遵守农民专业合作社章程，履行章程规定的入社手续的，便可以成为农民专业合作社的成员。农民专业合作社应当置备成员名册，并报登记机关。

第二，具有管理公共事务职能的单位，不能加入农民专业合作社。

第三，为保证农民在专业合作社中的主体地位，农民专业合作社的成员中，农民至少应当占成员总数的 80%。成员总数 20 人以下的，可以有一个企业、事业单位或者社会团体成员；成员总数超过 20 人的，吸收企业、事业单位和社会团体的成员一般不得超过成员总数的 5%。

2. 有符合本法规定的章程

农民专业合作社章程应当载明下列事项。

（1）名称和住所；

（2）业务范围；

（3）成员资格及入社、退社和除名；

（4）成员的权利和义务；

（5）组织机构及其产生办法、职权、任期、议事规则；

（6）成员的出资方式、出资额；

（7）财务管理和盈余分配、亏损处理；

（8）章程修改程序；

（9）解散事由和清算办法；

（10）公告事项及发布方式；

（11）需要规定的其他事项。

（章程详细内容，见附件 1：农民专业合作社章程参考样本）

3. 有符合法律规定的组织机构

第一，权力机构。农民专业合作社成员大会是合作社的权力机构，由全体成员组成，主要行使下列职权：修改章程；选举和罢免理事长、理事、执行监事或者监事会成员；决定重大财产处置、对外投资、对外担保和生产经营活动中的其他重大事项；批准年度业务报告、盈余分配方案、亏损处理方案；对合并、分立、解散、清算作出决议；决定聘用经营管理人员和专业技术人员的数量、资格和任期；听取理事长或者理事会关于成员变动情况的报告；章程规定的其他职权。

第二，理事长、理事会。农民专业合作社设理事长一名，可以设理事会。理事长为合作社的法定代表人。理事长和理事会成员均由成员大会从本社成员中选举产生。

第三，执行监事或者监事会。农民专业合作社可以设执行监事或者监事会。执行监事或者监事会成员由成员大会从本社成员中选举产生。理事长、理事、经理和财务会计人员不得兼任监事。理事会会议、监事会会议的表决，实行一人一票。

第四，经理和财务会计人员。农民专业合作社的理事长或者理事会可以按照成员大会的决定聘任经理和财务会计人员，理事长或者理事可以兼任经理。经理按照合作社章程规定或者理事会的决定，可以聘任其他人员。经理按照合作社章程规定和理事长或者理事会授权，负责具体生产经营活动。

4. 有符合法律、法规规定的名称和章程确定的住所

农民专业合作社应有固定的场所，其场所应在合作社章程中确定，到工商行政管理部门注册合作社时，应提供住所使用证明。

农民专业合作社的名称，应符合国家工商行政管理局关于《企业名称登记管理规定》的要求。企业名称中标明的行业或经营特点，应当具体反映企业生产、经营、服务的范围、方式或特点。凡使用“中国”“中华”，冠以“国际”“全国”“国家”，或不冠以企业所在地行政区划名称的企业名称，需经国家工商行政管理局核准或核定，在全国范围内，同行业企业名称不得相同或近似。冠省（包括自治区、直辖市，下同）、市（包括州，下同）、县（包括旗、市辖区，下同）行政区划名称的企业名称，由同级登记主管机关核准或核定，在本行政区范围内，同行业企业名称不得相同或近似。

5. 有符合章程规定的成员出资

加入农民专业合作社的成员，应按章程规定出资，没有注册资金，工商管理部门不予登记注册，合作社就没有权利进入市场。社员入社资金可以称为身份股，身份股必须每个社员都入。身份股的数额由合作社的经营需要和社员的承担能力决定。社员的出资是合作社可以支配的资金。国务院《合作社登记管理条例》规定：“农民专业合作社成员可以用货币出资，也可以用实物、知识产权等能够用货币估价并可以依法转让的非货币财产出资。成员以非货币财产出资的，由全体成员评估作价。成员不得以劳务、信用、自然人姓名、商誉、特许经营权或者设定担保的财产等作价出资。”合作

社的资金必须是合作社可以支配的资金。

合作社到工商管理部门登记注册时，必须出示由全体成员签名、盖章的出资清单。作为经济组织，合作社在经营过程中，以自己的注册资金对外承担经济责任。

合作社要有“出资成员签名、盖章的出资清单”，这一条不能忽视，这对处理今后与社员之间的某些经济纠纷很有用。例如，2009 年，山东省某地有个蔬菜合作社，与其他企业发生经济纠纷，法庭判蔬菜合作社赔偿另一个企业 3.1 万元。并且，要合作社理事长缴纳。合作社理事长不服，申辩理由是合作社是集体性质的经济组织，需要赔偿，应该由合作社赔偿，不能由理事长个人赔偿。后来，理事长找出了社员签名盖章的出资清单，法庭才给予重新判决。

(二) 农民专业合作的登记

具备了合作社成立的 5 个条件，按照程序设立的农民专业合作社，应当向工商行政管理部门提交下列文件，申请设立登记。

(1) 登记申请书；

(2) 全体设立人签名、盖章的设立大会纪要；

(3) 全体设立人签名、盖章的章程；

(4) 法定代表人、理事的任职文件及身份证明；

(5) 出资成员签名、盖章的出资清单；

(6) 住所使用证明；

(7) 法律、行政法规规定的其他文件。

登记机关将自受理登记申请之日起 20 日内办理完毕，并向符合登记条件的申请者颁发营业执照。农民专业合作社法定登记事项变更的，应当申请变更登记。

(三) 农民专业合作社年度报告

自 2014 年 10 月始，对农民专业合作社实行年度报告制度。由国家工商行政管理总局审议通过的《农民专业合作社年度报告公示暂行办法》（以下称《办法》）自 2014 年 10 月 1 日起施行。

《办法》中规定，农民专业合作社向工商部门报送年度报告的时间为每年 1 月 1 日至 6 月 30 日。当年开业（设立）登记的，自下一年起报送。农民专业合作社对其年度报告内容的真实性、及时性负责。

对农民专业合作社的公示内容：《办法》要求农民专业合作社通过企业信用信息公示系统向工商部门报送年度报告，并向社会公示。

年度报告内容：主要包括行政许可取得和变动信息、生产经营信息、资产状况信息、开设网站或者从事网络经营的网店信息、联系方式信息和工商部门要求报送的其他信息。其年度报告内容比个体工商户的多了“资产状况信息”。

《办法》规定，工商部门对农民专业合作社年报公示信息进行随机抽查。抽查工作由省级工商部门参照《企业公示信息抽查暂行办法》所规定的抽查比例、抽查方式和抽查程序组织实施。抽查的名单和抽查结果应当通过企业信用信息公示系统公示。公民、法人或者其他组织发现公示信息隐瞒真实情况、弄虚作假的，可以向工商部门举报。工商部门自收到举报材料之日起 20 个工作日内进行核查，予以处理，处理结果应当书面告知举报人。

《办法》还规定，对农民专业合作社设置异常名录，凡有以下情形的农民专业合作社，将纳入经营异常名录：一是不按规定报送年度报告的，二是在年度报告中隐瞒真实情况、弄虚作假的，三是通过登记的经营场所或经营者住所无法联系到的。

据调查，目前合作社的发展数量上升很快，但发展质量好和规范程度高的农民专业合作社比例还不理想。农民专业合作社应尽快走上规范化发展的路子上来。

简单来说，比较规范的合作社，起码应该具备 5 项标准：依法成立；制度健全；管理民主；服务有效；分配科学。体现这 5 项标准的具体内容如下。

1. 依法成立

（1）宣传发动的材料、会议记录；

（2）章程初稿、大会表决草案；

（3）发起人会议记录、入社申请书；

（4）社员入社登记表、股金登记表；

（5）股金凭证、工商（社团）登记材料；

（6）成立大会的材料、公章牌照。

2. 制度健全

（1）章程、社员证；

（2）理事会、监事会、内设机构成员名单；

（3）会议制度、财务制度。

3. 管理民主

（1）理事会、监事会会议记录；

（2）经营服务决策会议记录、会议表决记录；

（3）历年社员大会会议材料；

（4）社员吸收和除名记录；

（5）财务公开资料、社务公开资料；

（6）社员参与讨论合作社事务发言记录。

4. 服务有效

（1）生产资料采购记录、财务记录；

（2）合作社产品销售合同、销售记录；

（3）社员交易记录、市场购销活动记录；

（4）技术服务资料、社员培训活动记录。

5. 分配科学

（1）社员股金登记表、股权配置说明；

（2）社员交易量登记、社员个人账户登记；

（3）财务决算及分配、财务工作报告；

（4）盈余返还和分红方案、分配记录；

(5) 公积金提取、公积金量化分配方案；
(6) 资金筹措记录、接受捐赠、财物分配使用记录；
(7) 公积金及政府扶持资金量化登记记录。

案例1：规范合作社——山东省宁阳县乡饮粮食和饲料合作社

宁阳县乡饮粮食和饲料合作社成立于2004年4月18日，共有社员2 643个，其中，农户社员2 617个，单位社员26个，首次入社股金50 290元。合作社设有理事会和监事会，下设26个社员小组。大部分理事会、监事会成员和社员小组组长都由村干部担任。几年来，合作社先后被评为“全国百家示范合作社”“全省畜牧行业优秀合作社”“泰安市十大最具影响力农村合作经济组织”，连续5年被评为“全县农村先进合作组织”。合作社经营面积5万亩，经营量27 875吨，经营化肥2 150吨，加工秸秆饲料1万吨，总经营额4 202.1万元，合作社增加收入26万元，社员增收节支127.9万元，参与经营的社员2 010户，户均增收636元。现在，乡饮乡共有52个合作社、协会，其中，48个是由村“两委”干部领办。主要做了以下5个方面工作。

第一，大力发展优质小麦生产

(1) 建立基地。到2006年，合作社优质小麦注册了“乡风”牌商标，通过了国家绿色食品A级认证。2007年以来，合作社优质小麦基地扩大到5万亩，统一种植优良品种“济麦12”。合作社与山东鲁粮公司签订购销合同，按照“随行就市、即时加价、现金结算、不打白条”的方法收购社员的粮食，每千克比普通小麦加价6分钱。2010年6月，合作社与山东鲁粮公司签订了15 000吨的销售订单，完成收购后，合作社增加收入15万元，社员增加收入90万元。

(2) 良种供应。2010年向社员提供优质小麦良种22.5万千克，每千克3.36元，合作社每千克盈利9毛6分钱，向社员即时返利4毛钱，为社员节约成本18万元。合作社提取费用每千克1

毛6分钱，增加收入3.6万元。合作社测土配方施肥3.1万亩，经营配方肥500吨，每吨2 600元，合作社给社员每吨优惠300元，为社员节支15万元，合作社每吨收入50元，共2.5万元。

（3）生资供应。2010年合作社设立了6个生资供应点，对社员所需要的化肥实行批量定时采购。凡在生资供应点凭《社员证》购买化肥的社员，都在《社员证》上登记交易量，并即时兑现盈利返还。截至目前，合作社共经营各种肥料2 150吨，每吨盈利40元，向社员即时返还利润20元，合作社收入4.3万元，向社员兑现盈利返还4.3万元。农药经营额为12万元，按照进价的10%加价销售，对社员按5%优惠，合作社收入6 000元，向社员优惠6 000元，广大社员得到了实实在在的好处。

第二，大力发展畜牧养殖业

（1）秸秆饲料生产。合作社单位社员鑫元草业公司，充分利用秸秆资源，把粮食作物秸秆加工成饲料，变废为宝，年加工秸秆饲料1万吨。鑫元草业公司建有“科技示范园区”，饲养肉鹅5 000只，示范发展食草节粮禽类。同时，公司每年加工蛋鸡、生猪配合料3万吨，养殖蛋鸡3 000只，与380户社员签订常年购销合同。社员李加山，通过一台粉碎机加工玉米秸秆草粉，每天加工2吨，收入460元，纯收入200元。社员李加新购买了一台秸秆青贮饲料园捆机组，年加工秸秆70多万千克。

（2）引进龙头企业。2008年，合作社引进青岛金生畜业有限公司，2009年又引进了宁阳县巴福巴福生态牧业有限公司，这些畜牧养殖龙头企业的建设起点高、标准高，有巨大的带动作用。合作社依托龙头企业，采取统一购苗、统一供料、统一防疫、统一技术指导、统一销售等一条龙服务，带动150户社员发展养殖业，有效地解决了政府“统”不了、部门“包”不了、单家独户“干”不了的难题，有效地增加了农民收入。

第三，加强合作社的教育和培训工作

为让社员掌握实用技术，合作社先后聘请科研院校、业务部门专业技术人员就合作社理论知识、经营管理、优质小麦种植、测土配方施肥、假发制作、养鹅技术、禽流感防治等进行专题培训。几年来，先后举办各类培训班60多期，发放各种技术资料2万多份，培训社员1万多人次。通过培训，增强了社员的经营致富能力，提高了社员的合作意识和合作水平。

第四，坚持民主管理

按照“民办、民管、民受益”的原则，全面加强合作社建设，全力为社员服务。合作社成立之初，就进行了工商登记。理事长专心于主持合作社各项事务，开展合作交流、业务洽谈、项目签约，落实社员代表大会、理事会决定的重大事项，保证了合作社的正常运转。2007年4月18日，召开第二届社员代表大会，听取了理事会的工作报告，选举产生了第二届理事会、监事会。几年来，合作社共召开社员代表大会6次，理事会10次，社员小组长会议7次，各类座谈会30次，切实做到了管理民主，较好地实现了社员的意愿。

第五，实行科学分配和财务公开

合作社建立了专门账簿，配备了专职会计，设立了专门的账号，对合作社票据据实管理。在盈余分配上，实行以下制度。

（1）嬴利返还为主，股金分红为辅；

（2）合作社要留有积累；

（3）盈余按比例分配，即15%公积金，15%公益金，40%按交易返还，30%按股金分红；

（4）具体分配事项每年度由社员代表大会讨论决定；

（5）日常运行中，对经营活动采取“直接经营的直接下账，间接经营的统计下账”；

（6）对盈利返还采取“能直接返还的直接返还，能优惠让利的优惠让利，能即时加价的即时加价”；

（7）每次召开社员代表大会，都把财务账目放在醒目的位置，对社员公开。2009年实现盈余23万元。

五、农民专业合作社的管理

（一）组织机构及主要职责

组织机构主要包括：成员大会；理事长．理事会；执行监事、监事会；经理和财务会计人员。

其主要职责为：农民专业合作社成员大会由全体成员组成，是合作社的权力机构，行使下列职权：修改章程；选举和罢免理事长、理事、执行监事或者监事会成员；决定重大财产处置、对外投资、对外担保和生产经营活动中的其他重大事项；批准年度业务报告、盈余分配方案、亏损处理方案；对合并、分立、解散、清算作出决议；决定聘用经营管理人员和专业技术人员的数量、资格和任期；听取理事长或者理事会关于成员变动情况的报告；章程规定的其他职权。

农民专业合作社设理事长一名，可以设理事会。理事长为本社的法定代表人。农民专业合作社可以设执行监事或者监事会。理事长、理事、经理和财务会计人员不得兼任监事。理事长、理事、执行监事或者监事会成员，由成员大会从本社成员中选举产生，依照章程的规定行使职权，对成员大会负责。理事会会议、监事会会议的表决，实行一人一票。农民专业合作社的成员大会、理事会、监事会，应当将所议事项的决定作成会议记录，出席会议的成员、理事、监事应当在会议记录上签名。

农民专业合作社的理事长或者理事会，可以按照成员大会的决定聘任经理和财务会计人员，理事长或者理事可以兼任经理。经理按照章程规定或者理事会的决定，可以聘任其他人员。经理按照章程规定和理事长或者理事会授权，负责具体生产经营活动。

农民专业合作社的理事长、理事和管理人员不得有下列行为：

侵占、挪用或者私分本社资产；违反章程规定或者未经成员大会同意，将本社资金借贷给他人或者以本社资产为他人提供担保；接受他人与本社交易的佣金归为己有；从事损害本社经济利益的其他活动。

理事长、理事和管理人员违反前款规定所得的收入，应当归本社所有；给本社造成损失的，应当承担赔偿责任。农民专业合作社的理事长、理事、经理不得兼任业务性质相同的其他农民专业合作社的理事长、理事、监事、经理。

执行与农民专业合作社业务有关公务的人员，不得担任农民专业合作社的理事长、理事、监事、经理或者财务会计人员。

农民专业合作社的理事长、理事、经理不得兼任业务性质相同的其他农民专业合作社的理事长、理事、监事、经理。

（二）定期召开成员大会

农民专业合作社成员大会每年至少召开一次，会议的召集由章程规定。有下列情形之一的，应当在20日内召开临时成员大会。

（1）30%以上的成员提议；

（2）执行监事或者监事会提议；

（3）章程规定的其他情形。

农民专业合作社召开成员大会，出席人数应当达到成员总数2/3以上，成员大会选举或者作出决议，应当由本社成员表决权总数过半数通过；作出修改章程或者合并、分立、解散的决议应当由本社成员表决权总数的2/3以上通过。合作社章程对表决权数有较高规定的，从其规定。

农民专业合作社成员超过150人的，可以按照章程规定设立成员代表大会。成员代表大会按照章程规定，可以行使成员大会的部分或者全部职权。

（三）社员管理

1. 遵纪守法，诚实守信

农民专业合作社以其成员为主要服务对象，提供农业生产资料的购买，农产品的销售、加工、运输、贮藏以及与农业生产经营有关的技术、信息等服务。

国家保护农民专业合作社及其成员的合法权益，任何单位和个人不得侵犯。

农民专业合作社及社员从事生产经营活动，应当遵守法律、行政法规，遵守社会公德、商业道德，诚实守信。

2. 农民专业合作社成员享有下列权利

（1）参加成员大会，并享有表决权、选举权和被选举权，按照章程规定对本社实行民主管理；

（2）利用本社提供的服务和生产经营设施；

（3）按照章程规定或者成员大会决议分享盈余；

（4）查阅本社的章程、成员名册、成员大会或者成员代表大会记录、理事会会议决议、监事会会议决议、财务会计报告和会计账簿；

（5）章程规定的其他权利。

农民专业合作社成员大会选举和表决，实行一人一票制，成员各享有一票的基本表决权。出资额或者与本社交易量（额）较大的成员按照章程规定，可以享有附加表决权。附加表决权总票数，不得超过本社成员基本表决权总票数的 20%。享有附加表决权的成员及其享有的附加表决权数，应当在每次成员大会召开时告知出席会议的成员。章程可以限制附加表决权行使的范围。

3. 农民专业合作社成员承担下列义务

（1）执行成员大会、成员代表大会和理事会的决议；

（2）按照章程规定向本社出资；

（3）按照章程规定与本社进行交易；

（4）按照章程规定承担亏损；农民专业合作社成员以其账户内记载的出资额和公积金份额为最高限额，对农民专业合作社承担责任。

（5）章程规定的其他义务。

4. 成员退社

农民专业合作社成员要求退社的，应当在财务年度终了的 3 个月前向理事长或者理事会提出。企业、事业单位或者社会团体成员要退社的，应当在财务年度终了的 6 个月前提出。经理事长或者理事会批准后方可退社，并办理相关退社手续。章程另有规定的，从其规定。退社成员的成员资格自财务年度终了时终止。

成员在其资格终止前与农民专业合作社已订立的合同，应当继续履行；章程中另有规定或者另有约定的除外。

成员资格终止的，农民专业合作社应当按照章程规定的方式和期限，退还记载在该成员账户内的出资额和公积金份额；对成员资格终止前的可分配盈余，依照章程相关规定向其返还。资格终止的成员，应当按照章程规定分摊资格终止前本社的亏损及债务。

（四）财务管理

1. 为每个成员设立账户

农民专业合作社应当为每个成员设立社员账户，主要记载下列内容。

（1）该成员的出资额；

（2）量化为该成员的公积金份额；

（3）该成员与本社的交易量（额）。

（4）根据农民专业合作社“以服务成员为宗旨，谋求全体成员的共同利益”的原则，农民专业合作社与其成员的交易必须与利用其提供服务的非成员的交易分别核算。

2. 提取公积金

农民专业合作社可以按照章程规定或者成员大会决议从当年盈

余中提取一定比例的公积金。公积金用于弥补亏损、扩大生产经营或者转为成员出资。合作社对公积金具有使用权，所有权属于农民专业合作社社员。每年提取的公积金按照章程规定量化为每个成员的份额，例如，有的合作社对公积金的分配做如下规定“本社按照成员的出资额及与本社业务交易量，将公积金依比例量化为每个成员的份额。由国家财政直接补助和他人捐赠形成的财产平均量化为每个成员的份额，作为可分配盈余分配的依据之一”。

3. 盈余分配

在弥补亏损、提取公积金后的当年盈余，为农民专业合作社的可分配盈余。可分配盈余按照下列规定返还或者分配给成员，具体分配办法按照章程规定或者经成员大会决议确定如下。

（1）按成员与本社的交易量（额）比例返还，返还总额不得低于可分配盈余的60%；

（2）按前项规定返还后的剩余部分，以成员账户中记载的出资额和公积金份额以及本社接受国家财政直接补助和他人捐赠形成的财产平均量化到成员的份额，按比例分配给本社成员。

农民专业合作社的具体分配办法，以社员大会通过的章程规定为准。

4. 公开、公示

每年农民专业合作社的业务情况、财务状况、盈余分配方案等应当定期向社员公开。农民专业合作社的理事长或者理事会应当按照章程规定，组织编制年度业务报告、盈余分配方案、亏损处理方案以及财务会计报告，并于成员大会召开的15日前，置备于办公地点，供成员查阅。

对于设立执行监事或者监事会的农民专业合作社，由执行监事或者监事会负责对本社的财务进行内部审计，审计结果应当向成员大会报告。成员大会也可以委托审计机构对本社的财务进行审计。

5. 逐步规范管理，严格财务会计制度

财政部2008年1月试行的《农民专业合作社财务会计制度

（试行）》规定，合作社应根据制度规定和会计业务需要，设置会计账簿，配备必要的会计人员。不具备条件的，也可以本着民主．自愿的原则，委托农村经营管理机构或代理记账机构代理记账．核算。合作社应按制度规定，设置和使用会计科目，登记会计账簿，编制会计报表（《规定》全文见附件 2）。

据调查，农民专业合作社在财务管理方面主要存在下列问题。

（1）财务会计账簿不完善。有些合作社没有建账，有些只记流水账，搞不了经营分析。

（2）没有财务会计制度。有些合作社没有设立完整的财务会计科目、会计报表，没有严格的财务会计监管制度，致使发生了一些不应该发生的问题。

（3）没有财务核算。有些合作社由于财务会计账簿、报表、制度等不健全，又没有财务会计人员，难以进行财务核算，影响了合作社的发展和效益的提高。

根据财政部的要求和山东省合作社的情况，2011 年，省财政厅和农业厅共同下发了《山东省农民专业合作社财务会计管理暂行办法》（2011 年 2 月 21 日发文），同时，设置了《总账》《现金日记账》《银行存款日记账》《往来明细账》《产品物质明细账》《委托加工（代销）物品明细账》《受托代购（代销）商品明细账》《农业资产明细账》《固定资产明细账》《其他资产明细账》《股金明细账》《成本费用明细账》《收入明细账》《明细账》14 本财务会计账，《社员入社土地登记簿》《土地流转合作社土地使用情况登记簿》《社员交易登记簿》等登记簿和《科目余额表》《收支明细表》等财务会计报表以及相应的财务会计制度。2011 年 5 月 20 日，农业部办公厅发文《农业部办公厅关于进一步加强农民专业合作社财务管理工作的意见》指出："财务管理作为合作社规范化建设的核心内容，对保证合作社健康发展至关重要。"要求："各级农业部门务必高度重视，把财务管理摆在合作社规范化建设的突出位置上来抓，明确具体工作部门、人员和责任，狠抓各项工作措施的落实。”

六、农民专业合作社的经营

在农业现代化演进过程中的，由于农业人口的转移，原来由各家各户自己经营的承包耕地经营权有了流转和集中的可能；同时，越来越多的农产品开始走向集约化、专业化、组织化、社会化生产。这两方面的变化都在催生各种新的农业经营形式的成长和新型农业经营主体的发展。为了提高农业生产经营的效率，不同农产品的生产往往会对经营形式提出各不相同的要求。例如，粮棉油糖等大宗产品的生产效率，主要取决于耕地的经营规模。因此，通过流转承包耕地的经营权实行土地经营规模的家庭农场、专业大户、土地股份合作社等，便在这一领域应运而生。瓜果蔬菜花卉等鲜活农产品的生产效率，主要取决于品种选择、栽培技术和物理配送、市场营销等，在这一方面通过组织农民专业合作社，就能够最大限度地发挥这方面“能人”的带动作用，由专业合作社生产这类产品就很受农户欢迎。

案例 2：山东省宁阳县蒋集镇郑龙有机蔬菜专业合作社

宁阳县蒋集镇郑龙村在稳定农村家庭承包经营制度和不改变土地农业用途的前提下，积极引导农民以土地经营权入社，于 2007 年 7 月 1 日成立了宁阳县蒋集镇郑龙有机蔬菜专业合作社，入社社员 160 户，入社股金 92 000元，其中，身份股 16 000元，投资股 76 000元。村干部全部加入了合作社，村党支部书记田文武当选为理事长。合作社探索出了“股份+合作”的土地流转模式，实行规模化．标准化生产，既保证了农民的经营权．收益权，又提高了土地收益，增加了农民收入。中央电视台先后 2 次进行了报道，引起了中央有关部门及各级的关注。有关专家称其为“郑龙模式”或“宁阳模式”。

1. 郑龙有机蔬菜专业合作社的经营模式

“郑龙模式”是依托农业龙头企业成立有机蔬菜合作社，农民以土地经营权入社，合作社实行统一经营，实现农民增收、农业增效。其模式可概括为“土地入股、规模经营、权益保障、收益分红”。其运行方式和利益分配机制是：公司负责提供种子、技术、肥料、生物制药，保护价回收；合作社负责统一管理，保证产品质量，保证社员的收益，严格管理账目，进行收益分红；社员以土地入社，每亩土地为一股，享受每亩 700 元底金分红，年底盈余再按 80%二次分红，20%作为合作社预留风险金。社员参加合作社的管理和劳动，由合作社支付报酬。

2. 郑龙有机蔬菜专业合作社的经营情况

（1）郑龙有机蔬菜专业合作社“股份+合作”的模式，以合作社为纽带，按照“民办、民管、民受益”的原则，实行社员大会．理事会．监事会民主管理制度，充分调动了社员参与的积极性。到 2008 年年底，社员由 160 户发展到 260 户，加入合作社的土地由 230 亩发展到 920 亩。

（2）合作社挂靠龙头企业，实现了各方共赢。弘海食品公司年可增加有机蔬菜出口量 2 760吨，增加收入 138 万元。公司每吨菜付给 100 元的组织费，全年可得 40 多万元的集体收入。合作社社员每股（亩）每年底金 700 元，加上分红和劳务收入，每亩每年最少可获得 3 200 元的纯收入，比加入合作社前每亩增加 2 500元。

（3）经过 3 年的发展，合作社应对市场风险的能力进一步增强。合作社重新规划了基地种植结构，调整为既能出口、又能内销的种植格局，创自己的品牌，现已注册了“龙渔泉”牌商标。与弘海公司合作，投资 260 万元新上蔬菜加工厂和储藏 300 吨蔬菜的冷库，已经正式投产。合作社进行蔬菜深加工，提高了蔬菜的附加值，产品远销欧盟、日本，国内销售到沃尔玛、银座等各大超市，产品供不应求，达到了合作社与公司的共赢。

郑龙村“两委”干部带头创办合作社，以合作社为载体，促进了农民增收、农业增效，促进了各项公益事业的快速发展，为带领群众增收致富闯出了一条路子，村干部赢得了群众的信任和支持，增强了村“两委”的凝聚力，形成了干群齐心谋发展的大好局面。

合作社的经营可以是多形式、多方面的，合作社可从事农业生产资料的购买，农产品的销售、加工、运输、贮藏以及与农业生产经营有关的技术、信息等方面的经营与服务。合作社的经营要立足当地优势、因地制宜、量力而行。从实践情况看，主要经营方式有以下几种。

（一）委托经营

合作社是在政府引导和支持下，“民办、民管、民受益”的互助性经济组织。委托经营是社员利用合作社，合作社受社员委托，对社员的产品进行代购、代销、代加工。在合作社没有一定资金基础时，合作社在为社员代购商品，社员要预交货款，如果社员的资金紧张，合作社可以帮助社员筹措，但是，费用要由使用贷款的社员承担。合作社为社员购买商品和销售产品，不是买过来销售，而是代替社员购买和销售，购买和销售结束，扣除费用和合作社的公共积累，盈亏是社员的。在合作社没资金基础较弱时，代购商品，社员要预交货款，销售产品，销售完了与社员结算，这样合作社可以减少流动资金。当然，在合作社有了一定的资金基础后，就不需要每次经营活动都要社员预交货款了。

（二）联合购进分头销售

联合购买商品，可以降低价格、保证质量。合作社应该积极进行联合购买，特别是规模大的合作社，更应该重视联合购买。大规模的种植类和畜禽饲养合作社，应该与大的化肥厂、农药厂、饲料厂、兽药厂建立稳定、长期的供销关系。大批量、长时期的稳定供应和销售，有利于合作社、有利于生产资料生产厂家、有利于社员。

案例 3：山东省莱阳市沐浴店生产资料供应合作社

山东省莱阳市沐浴店生产资料供应合作社购买碳酸氢氨。1995 年秋种小麦，该合作社一次购买了 500 吨碳酸氢氨。批量大，化肥厂给予最优惠价格，420 元/吨。合作社社员买，记到社员购物证上；非社员买，买断。当地零售价 480 元/吨，毛利 60 元/吨。扣 20 元费用，20 元合作社积累，返还社员 20 元/吨。社员买碳酸氢氨 460 元/吨。

（三）分散生产集中销售

合作社统一生产的产品，或者是社员家庭生产的产品，合作社都应该实行统一销售，这一点在合作社社员的义务中已明确。统一销售可以提高价格，可以保证质量，可以降低销售费用。合作社销售农产品应该积极与加工企业、超市以及大的消费单位联系，建立稳定的销售渠道。合作社要树立品牌意识，拓宽营销渠道。例如，“凯银”牌、“乐义”牌蔬菜做得很成功，济南各大超市都有他们品牌的产品，在农超对接上，走上了成功之路。

（四）“互联网+合作社”模式

为扩大产品影响，拓宽营销渠道，提高销售效率，合作社要重视创办自己的宣传网页，把企业概况、经营状况、产品特点、产品优势、营销策略、合作空间等进行宣传，有条件的合作社要有网络经营的意识，创办特色网店，占领一席之地。农民专业合作社要想做得更好，走得更远，在创品牌的基础上，要逐步探索“互联网+合作社”新模式，使合作社的产品销售，跟上科技发展的步伐。

案例 4：济南明发同茂生态养殖合作社

2012 年大学生褚云帅的济南明发同茂生态养殖合作社成立，专门从事肉羊生态圈养。在肉羊的整个饲喂过程中，通过中药制剂的配制，严控羊肉质量，为广大市民的餐桌提供安全健康的羊肉。他还将“物尽其用，循环经济”的理念应用其中，将农作物秸秆等的合理利用，不仅大大降低了养殖成本，而且还解决了农区秸秆焚烧的问题，符合无公害养殖的要求，也符合生态农业的要求。循环生态养殖的新模式，带动了农区广大农民朋友投身生态养羊行业。通过 2 年的努力，褚云帅的生态养殖业从 50 只羊养起，现在已初具规模。

为拓宽营销面，褚云帅从 2015 年开始通过众筹模式，开展餐馆的合作扩张，并利用网络营销技术，面向济南市进行羊肉配送，收到了很好的成效。他的合作社是济南市菜篮子工程肉羊养殖定点补贴单位，同时，也是 YBC 项目扶持企业。褚云帅还在长清开了第一家羊肉餐馆。

（五）发展二三产业

合作社在经营过程中，为了扩大经营规模．提高效益，有条件的合作社要兴办农产品加工企业，向二三产业延伸。通过延长农产品的价值链条，可以提高农产品的附加值，增加农民专业合作社的效益，提高合作社社员的收益。

例如，宁阳县蒋集镇郑龙村有机蔬菜合作社就兴办了蔬菜加工厂。2009 年，该社投资 600 多万元兴建了蔬菜加工厂，并注册了“龙渔泉”牌产品商标。其中，合作社投资 280 万元，属于合作社全体社员所有；合作社理事长投资 100 万元；几个骨干社员投资 210 万元；村集体以厂房占用土地租赁费入股，10 亩地，每亩年租赁费 600 元，租赁期 20 年，合计 12 万元。通过深加工，延长了农产品的价值链条，大大提高了合作社的效益和社员的收益。

（六）联合与合作

为进一步提高合作社的经营能力和抗风险能力，合作社可以开展广泛的联盟与合作。合作社与合作社之间、合作社与企业之间，都可以进行联合与合作。合作社与其他方面进行联合与合作，可以实行股份制，同股、同权、同责。

合作社对外联合与合作是大事情，合作项目的可行性、合作社的投资额、负债额等问题，必须经社员大会慎重讨论通过。

合作社根据自身产品优势和服务优势，可以主动与大企业联盟，取得龙头企业的支持。“龙头企业+合作社+基地+农户”的农业产业化模式，对社员来说，有了产品的销售基地，可以轻松实现产品由实物到价值的转换；对企业来说，不仅能解决原料供应问题，还能解决原料的质量安全可追溯问题，可以实现“互利共赢”。

案例5：山东荣达农业发展有限公司

位于高唐县的山东荣达农业发展有限公司，拥有总资产6.6亿元，员工3 800多人，占地3 600余亩。公司是集种鸭饲养，鸭苗孵化，合同鸭养殖，饲料加工，成品鸭回收、宰杀、加工，冷冻贮存，鸭油深加工，纸箱包装为一体的省级农业产业化重点龙头企业。

公司在与农户平等、自愿、互利的基础上签订养鸭合同，以契约机制结成利益共同体，再通过合作社建立“虚拟车间”把散养农户集中在一起，从而形成一个规模化养殖基地。

合作社对养殖户存在的经验缺乏、文化水平低的问题，采取培训和“一对一”服务的方法。

企业也给予合作社和农户极大的支持，不仅有专门的技术服务队，无偿上门服务指导，还“统一指导鸭农盖鸭舍、统一供鸭苗、统一供饲料、统一防疫、统一收购”，同时，还为养鸭农户办有的风险基金。每个环节都制定出标准程序，实现了产前、产中、产后“保姆式”服务，市场风险由企业承担，企业解决了原料数量和质量问题，养鸭农户实现了增收致富，实现了“互利共赢”。

七、农民专业合作社的合并、分立、解散

农民专业合作社遇到合并、分立、解散的问题，应当遵守《中华人民共和国农民专业合作社法》之规定，结合农民专业合作社社员大会通过的《章程》之规定处理好。

（一）合并

农民专业合作社合并，应当自合并决议作出之日起 10 日内通知债权人。合并各方的债权、债务应当由合并后存续或者新设的组织承继。

（二）分立

农民专业合作社分立，其财产作相应的分割，并应当自分立决议作出之日起 10 日内通知债权人。分立前的债务由分立后的组织承担连带责任。但是，在分立前与债权人就债务清偿达成的书面协议，另有约定或章程另有规定的除外。

（三）解散

农民专业合作社因下列原因解散。

（1）章程规定的解散事由出现（如因不可抗力因素导致合作社无法继续经营）；

（2）成员大会决议解散；

（3）因合并或者分立需要解散；

（4）依法被吊销营业执照或者被撤销。

（四）清算

解散原因为第一项、第二项、第四项原因解散的，应当在解散事由出现之日起 15 日内由成员大会推举成员组成清算组，开始解散清算。逾期不能组成清算组的，成员、债权人可以向人民法院申请指定成员组成清算组进行清算，人民法院应当受理该申请，并及时指定成员组成清算组进行清算。

清算组自成立之日起接管农民专业合作社，负责处理与清算有关未了结业务，清理财产和债权、债务，分配清偿债务后的剩余财产，代表农民专业合作社参与诉讼、仲裁或者其他法律程序，并在清算结束时办理注销登记。

清算组应当自成立之日起 10 日内通知农民专业合作社成员和债权人，并于 60 日内在报纸上公告。债权人应当自接到通知之日起 30 日内，未接到通知的自公告之日起 45 日内，向清算组申报债权。如果在规定期间内全部成员、债权人均已收到通知，免除清算组的公告义务。债权人申报债权，应当说明债权的有关事项，并提供证明材料。清算组应当对债权进行登记。在申报债权期间，清算组不得对债权人进行清偿。

农民专业合作社因章程规定的解散事由出现而解散，或者人民法院受理破产申请时，不能办理成员退社手续。

清算组负责制定包括清偿农民专业合作社员工的工资及社会保险费用，清偿所欠税款和其他各项债务以及分配剩余财产在内的清算方案，经成员大会通过或者申请人民法院确认后实施。

清算组发现农民专业合作社的财产不足以清偿债务的，应当依法向人民法院申请破产。

农民专业合作社接受国家财政直接补助形成的财产，在解散、破产清算时，不得作为可分配剩余资产分配给成员。

清算组成员应当忠于职守，依法履行清算义务，因故意或者重大过失给农民专业合作社成员及债权人造成损失的，应当承担赔偿责任。

农民专业合作社破产适用企业破产法的有关规定。但是，破产财产在清偿破产费用和共益债务后，应当优先清偿破产前与农民成员已发生交易但尚未结清的款项。

八、农民专业合作社的扶持政策

（一）项目扶持

《中华人民共和国农民专业合作社法》（以下称《合作社法》）第四十九条规定，国家支持发展农业和农村经济的建设项目，可以委托和安排有条件的有关农民专业合作社实施。

2014 年中共中央、国务院《关于全面深化农村改革加快推进农业现代化的若干意见》（2014 年 1 号文件）指出："允许财政项目资金直接投向符合条件的合作社，允许财政补助形成的资产转交合作社持有和管护，有关部门要建立规范透明的管理制度""推进财政支持农民合作社创新试点，引导发展农民专业合作社联合社""鼓励发展混合所有制农业产业化龙头企业，推动集群发展，密切与农户、农民合作社的利益联结关系""在国家年度建设用地指标中单列一定比例专门用于新型农业经营主体建设配套辅助设施""加大对新型职业农民和新型农业经营主体领办人的教育培训力度"。

2013 年中央一号文件：合作社生产设施用地和附属设施用地按农用地管理。

（二）资金扶持

1.《合作社法》第五十条规定

中央和地方财政应当分别安排资金，支持农民专业合作社开展信息、培训、农产品质量标准与认证、农业生产基础设施建设、市场营销和技术推广等服务。对民族地区、边远地区和贫困地区的农民专业合作社和生产国家与社会急需的重要农产品的农民专业合作社，给予优先扶持。

2.《山东省农民专业合作社条例》规定

“县级以上人民政府应当设立农民专业合作社专项扶持资金，并采取直接补助、贷款贴息等方式，支持农民专业合作社开展信息咨询、培训、农产品质量标准与认证、农业生产基础设施建设、市场营销和技术推广等服务”。

“县级以上人民政府应当组织农业行政主管部门和其他有关部门及有关组织编制本级人民政府优先扶持的农民专业合作社目录，将符合法律法规规定、管理规范、成员人数多、带动力强和生产国家社会急需的重要农产品以及贫困地区的农民专业合作社纳入目录范围，优先给予扶持。目录应定期向社会公布”。

“农民专业合作社专项扶持资金随着经济发展逐步增加”。

3. 国家鼓励商业性金融机构采取多种形式，为农民专业合作社提供金融服务

2009 年中国人民银行济南分行与山东省农业厅联合发布并实施《关于深化农村信用体系建设加快农民专业合作社发展的意见》。意见要求山东省内涉农金融机构从经营管理较为规范的农民专业合作社入手，逐步为所有的农民专业合作社建立电子信用档案，规范、科学地开展信用评价工作。对符合条件的农民专业合作社，积极发放不需要抵押担保的小额信用贷款和农户联保贷款，促进农民专业合作社快速健康发展。《意见》还要求山东省内涉农金融机构积极探索实行以合作社及其社员为贷款对象，通过对合作社评级授信，由合作社统一担保、法人及社员分别承贷的“双贷款双保贷款”模式；进一步扩大农民专业合作社申请贷款可用于担保的财产范围，创新各类符合法律规定和实际需要的农（副）产品订单、保单、仓单等权利以及农用生产设备、机械、林权、水域滩涂使用权等财产抵（质）押贷款品种。

2013 年中央一号文件指出：在信用评定基础上对示范社开展联合授信，有条件的地方予以贷款贴息，规范合作社开展信用合作。

（三）税收优惠

《中华人民共和国农民专业合作社法》第五十二条规定：农民专业合作社享受国家规定的对农业生产、加工、流通、服务和其他涉农经济活动相应的税收优惠。

2008 年 6 月 24 日，财政部和税务总局《关于农民专业合作社有关税收政策的通知》规定："第一，对农民专业合作社销售本社成员生产的农业产品，视同农业生产者销售自产农业产品免征增值税。第二，对农民专业合作社向本社成员销售的农膜、种子、种苗、化肥、农药、农机，免征增值税。第三，对农民专业合作社与本社成员签订的农业产品和农业生产资料购销合同，免征印花税。"

2013 年中央一号文件：完善合作社税收优惠政策，把合作社纳入国民经济统计并作为单独纳税主体列入税务登记，做好合作社发票领用等工作。

九、农民专业合作社与其他经济组织的区别

（一）农民专业合作社与计划经济时期集体经济组织的区别

从理论上讲，合作社也是集体经济的一种形式。但与 20 世纪 50 年代的合作社、60—70 年代的生产队等都有着本质的区别。

1. 经营体制不同

原计划经济时期的集体经济组织是"一大二公"的经营体制，是人民公社领导下的三级所有。而农民专业合作社是建立在家庭联产承包基础上的，虽然是家庭经营的合作，但基本制度并没有变。

2. 开放程度不同

原集体经济组织是政社合一组织，具有严格的社区界限。农民专业合作社是纯粹的经济组织，政社分开，没有社区限制，成员也没有户籍限制，企业和团体成员没有所有制限制，是一个开放的经济组织。合作社成员可进可退，完全自愿，而原集体经济组织成员没有进退自由，是“终身制”。

3. 产权制度不同

原集体经济组织所有财产归人民公社、生产大队、生产小队等三级所有，产权模糊。而合作社则产权清晰：入社资金归农民所有，公积金量化为成员份额归成员所有，其他资产包括财政补助和他人捐赠形成的财产平均量化为成员份额，并按比例分配。可概括为三句话：不改变承包关系，不改变财产关系，资产归全体成员所有。

4. 分配原则不同

合作社是按交易量返利与按要素分配相结合。原集体经济组织是按人或按劳动力平均分配。

（二）农民专业合作社与公司制企业的区别

两者最大的区别就是理论依据不同。劳动和资本在组织中的地位和权利不同，在农民专业合作社中，资本是为劳动服务的手段，劳动利用资本工作，而不是为资本而工作，劳动支配和使用资本，劳动权利大于资本权利。在企业组织中其理论依据正好相反，资本支配劳动，劳动为资本工作，资本权利大于劳动的权利。资本居于主导地位。具体有以下 4 点不同。

1. 成员的权利不同

合作社中是一人一票，出资额或交易量较大的成员按照章程规定可以有附加表决票，但最多不超过 20%。而公司制企业中股东权利完全按出资额确定，实行一股一票。

2. 收益分配不同

合作社主要按成员与本社的交易量比例返还，而且返还比例不低于可分配盈余的60%，同时，对盈余剩余部分，要按成员个人账户记载的出资和公积金份额以及量化到成员的财产份额，按比例分配。而公司制企业完全按出资额享有资产受益，按股分红。

3. 组织方式不同

合作社所有成员既是所有者，也是经营者，还是惠顾者，三者是统一的。而公司制企业的所有者、经营者、惠顾者是分离的，他有一套特殊的控制结构；合作社的管理层是社员民主选举产生，而公司制企业的董事会是由出资人组成，相对控股者为董事长；合作社奉行“入社自愿退社自由”的原则，而且是“退社退资”。公司制企业一旦登记成立，其股份不可退出，只能转让。

4. 价值趋向不同

合作社对社员以服务为宗旨，不以盈利为目的，对外的盈利也主要处于保护社员的利益。公司制企业是以追求利润最大化为目标。

（三）合作社与社团的区别

根据我国1988年颁布实施的《社会团体登记管理条例》规定，社会团体法人的主要特征是不得从事盈利性活动，也不受破产程序宣告。社会团体按章开展活动所取得的合法收入，必须用于章程规定的业务活动，不得在会员中分配。

《中华人民共和国农民专业合作社法》中明文规定如下。

（1）农民专业合作组织是在农村家庭承包经营基础上，同类农产品的生产经营者或者同类农业生产经营服务的提供者、利用者，自愿联合、民主管理的互助性经济组织，这说明合作社是个经营主体。

（2）成员可以按照章程规定或成员大会决议分享盈余，这说明合作社的收入盈利要对成员分配。

（3）农民专业合作社破产适用企业破产法的有关规定。

（四）我国农民专业合作社与国际合作社的区别

国际合作社联盟定义的合作社原则，主要是自愿与开放的社员资格；民主的社员控制；社员的经济参与；自制与独立；教育培训与信息；合作社之间的合作；关注社区。其基本的精神有三条，开放的社员资格，民主管理，利润按惠顾额进行盈余返还。比照这些原则，《农民专业合作社法》中所规定的合作社，在大的原则上与一般国际合作社原则是相一致的，但在成员资格的开放度上、在合作社相互之间的联系上、在对社会事务的参与上都有些不同的区别。

1. 成员以农民为主体，适当限制非农民的个人和团体入社

一是限制具有管理公共事务职能的单位加入合作社。即国家机关各部门以及有公共事务职能的国家事业单位不能作为合作社成员；二是合作社成员中农民应当占成员总数的 80% 以上；三是对企事业单位和社会团体成员有数量和比例限制，即成员总数在 20 人以下的，可以有一个企业、事业单位或社会团体成员；成员数量超过 20 人的，企事业单位和社会团体成员不得超过成员总数的 5%。这主要是考虑到企业和事业单位的管理模式不同，他们在管理上比较倾向垄断性管理，例如，总经理或单位首长负责制。而合作社强调的是民主管理。企业强调的是个体的利益，合作社追求的是“谋求全体成员的共同利益”。因此，成员中农民以外的成分过多，会影响合作社的原则与目标。

2. 对合作社联合组织没有作出规定

这是考虑到中国国情，合作社仅作为独立的经济组织，它除了组织农民开展互助性的生产、流通、加工、服务以外，主观上不具有任何社会性的功能，所以，只是生产的联合，完全可以依靠市场机制实现相互联合。党的十八大以后，农民合作社更加开放，合作社的联合组织不断涌现，因此，中央尊重农民的创造，在相关文件

中明确支持发展农民合作社联合社以及农业行业协会、产品协会等组织形式。

3. 合作社是纯粹的经济组织

业务范围只限于生产经营服务等环节的互助联合，而不独立地承担政治、社会事务。社员入社的目的仅是为了谋求自身的经济利益。而国际合作社联盟对合作社的定义中，把合作社明确表述为是“具有共同的经济、社会与文化的需求与抱负的自治联合体”。而且在合作社原则的规定中，要求社员“对政治和宗教保持中立”。而我国的合作社成员作为合法的公民享有信仰自由，合作社并不干涉。

十、发展农民专业合作社需强调的几个问题

（一）合理确定农民专业合作社发展类型

发展农民专业合作社，要合理确定合作社的类型。

1. 围绕当地优势产业发展合作社

成立农民专业合作社，要注意立足当地优势确定合作社的类型，在发展主导产业方面，我们提倡一村一品、一乡一业，形成了不少专业村、专业乡镇。如蔬菜专业村、水果专业村、养猪专业村、奶牛专业村、条编专业村、加工专业村等。专业村、专业乡镇就是优势产业村、优势产业乡镇。在专业村、专业乡镇发展合作社，可以更好地促进优势产业的发展。

2. 围绕农产品加工龙头企业发展合作社

山东省的农产品加工龙头企业比较多，当前，很多企业需要合作社提供原料服务。为与粮油、蔬菜、果品、畜产品、水产品加工等企业配套，解决企业的原料问题，农民可以建立一大批小麦、玉米、花生、蔬菜、水果、畜禽、鱼虾贝等种植、养殖合作社。发展为龙头企业配套的种植和饲养合作社，是合作社经营的需要，是龙

头企业发展的需要。

3. 围绕有市场潜力的农产品发展合作社

在小麦、玉米、花生、蔬菜、水果、药材、花卉、苗木等种植业方面；在生猪、肉鸡、蛋鸡、奶牛、肉牛、肉羊、水貂等畜禽饲养方面；在鱼、虾、贝、海参、鲍鱼等海淡水养殖方面，有很多具有市场潜力的产品。对有市场潜力的农产品，通过组织合作社，可以加快对这些产品的开发，比较快地形成市场优势、形成当地产业优势。

4. 围绕粮食生产发展合作社

在我国粮食生产是农业最基本的产业，粮食安全问题一直是党和国家十分关注的重要问题，必须把粮食生产放在非常重要的位置。发展粮食合作社，通过组织化程度的提高，可以稳定提高粮食总产量，粮食合作社可以享受国家的种粮补贴，可以享受国家对合作社的各种扶持政策，会很大程度上增加农民在种粮方面的收入，提高农户的种粮积极性。例如，泰安市宁阳县乡饮粮食和饲料合作社是 2004 年 3 月成立的，入社的种粮农民平均增加收入 15%。

（二）两头签订合同

《中华人民共和国农民专业合作社法》第十八条规定：“农民专业合作社成员承担下列义务……（三）按照章程规定与本社进行交易；（四）按照章程规定承担亏损……”这一规定在合作社经营中很重要。合作社在经营中需要“两头签合同”。一头，与社员签合同；另一头，合作社与交易方、加工厂家以及技术、资金、信息等服务单位签订合同。合作社与社员签订合同，一是有利于合作社经营的计划性；二是有利于社员安排家庭生产；三是有利于社员及合作社互相监督，共同保质保量地完成合同任务。

（三）政府对成立合作社的支持要落到实处

《农民专业合作社法》第九条规定：“县级以上各级人民政府

应当组织农业行政主管部门和其他有关部门及有关组织，依照本法规定，依据各自职责，对农民专业合作社的建设和发展给予指导、扶持和服务。”

《山东省农民专业合作社条例》规定：“县级以上人民政府应当将农民专业合作社作为完善农村基本经营制度的重要组织形式，纳入国民经济和社会发展规划，建立和完善工作协调机制，加强服务机构和队伍建设，制定扶持措施，鼓励社会各方面力量为农民专业合作社提供服务，促进农民专业合作社规范、有序、健康发展”“应当组织农业行政主管部门或者农村经济经营管理部门（以下统称农业行政主管部门）和其他有关部门及有关组织，依照有关法律法规的规定，依据各自职责，对农民专业合作社的建设和发展给予指导、扶持和服务”“乡（镇）人民政府、街道办事处应当支持农民专业合作社的发展，为农民专业合作社的发展提供指导和服务”“村（居）民委员会、村集体经济组织应当为农民专业合作社的生产经营提供相应的便利和服务”“农民专业合作社从事农业种植、养殖等生产经营活动的用水用电，执行农业生产用水用电价格标准”。

（四）多渠道资金筹措

资金问题是制约合作社发展的“瓶颈”，合作社在发展过程中，应该多渠道筹措资金。

1. 自有资金

《中华人民共和国农民专业合作社法》第四条规定：“农民专业合作社对由成员出资、公积金、国家财政直接补助、他人捐赠以及合法取得的其他资产所形成的财产，享有占有、使用和处分的权利，并以上述财产对债务承担责任。”上述资金可以看作合作社自有资金。

（1）社员出资。随着合作社的发展，社员收入的增加和社员对合作社信赖程度的提高，社员可以不断增加出资。

（2）社员投资。合作社办企业和服务实体，需要动员社员投资。当社员对合作社的信赖程度提高了，社员就能够增加投资信心。

（3）公积金。合作社的公积金要根据合作社经营情况决定。在合作社成立初期，经营规模比较小，公积金不可能提太多。

（4）国家项目资金。随着国家扶持合作社的力度不断加大，项目资金会不断增加，有条件的合作社可以积极争取国家的项目资金。

《中华人民共和国农民专业合作社法》规定：国家财政直接补助和他人捐赠形成的财产要平均量化到社员户头，这对于调动社员的积极性，促进合作社发展，具有重要意义。

例如，新泰市惠众养猪合作社把国家项目资金平均量化到社员，调动了社员的积极性。惠众合作社原有社员 73 户，每户最低出资 50 元，股金合计 7 万元，其中，理事长出资 2 万元。2009 年 10 月，省有关部门扶持惠众养猪合作社 4.02 万元资金。合作社经过讨论，决定动员社员增加出资、吸收新社员，把政府扶持资金平均量化到每户社员。经过此环节，社员发展到 112 户，合作社资金增加到 10.075 万元，其中，出资 50 元的资金比例由占资金总额的 52%下降到 31%，理事长 2 万元的资金比例由占资金总额的 28.6%下降到 19.8%，社员每股享有政府项目补助资金权益 20 元。

2. 借入资金

《山东省农民专业合作社条例》规定：“农民专业合作社为满足成员生产经营资金需求，可以在本社内部依法开展资金互助和信用合作，但不得对外吸收公众存款或者非法集资”“各级人民政府应当建立农民专业合作社贷款担保和风险补偿机制，具备条件的应当设立农民专业合作社贷款担保资金，为农民专业合作社贷款担保提供支持”“鼓励和支持金融机构、社会信用担保机构采取措施，创新和扩大农村有效担保物品种，为农民专业合作社发展提供信贷和担保服务”。

《条例》对合作社的借款给出了明确的界定。根据实践来看，一般合作社在运营过程中，借入资金主要包括：社员借款、社会借款、银行贷款、资金合作等形式。

（1）社员借款。在合作社发展初期，社员借款是合作社解决资金困难切实可行的办法。合作社在社员产品销售以后，可以动员社员把销货款借给合作社，合作社参照存款和贷款付给利息。现在，有不少合作社是这样做的，有的合作社借社员的款项达到几十万元、上百万元。

（2）社会借款。社会借款主要用在流动资金方面。合作社向社会借款，包括向个人、企业借款。

（3）银行贷款。有的金融部门对合作社贷款，探索了形式多样，切实可行的办法，一方面扶持了合作社的建设和发展；另一方面促进了金融部门的业务发展。

（4）合作社内部资金互助合作。有的合作社经过金融管理部门批准，合作社内部成立资金互助合作社。内部资金合作社吸收社员存款，办理社员贷款，存贷业务在合作社内部封闭运行。

案例 6：山东省临朐县农村信用社向临朐县佳福奶牛合作社贷款的做法

临朐县农村信用社通过详细考察，为临朐县佳福奶牛合作社提供了近 300 万元贷款，并与佳福奶牛合作社签订了合作社和社员在信用社开户、信用社向合作社派驻工作人员、信用社参与合作社贷款运用、合作社帮助信用社考察畜牧项目等合作协议。不仅促进了临朐县畜牧业发展，也促进了农村信用社信贷业务的开展。

附件：1. 农民专业合作社章程参考范本

2. 山东省农民专业合作社条例

附件 1：农民专业合作社章程参考范本

说明：农民专业合作社章程必须符合法律、行政法规及国家有关政策的规定，本范本仅供参考。

本示范章程中的楷体倾斜文字部分为解释性规定或示范性范例，其他字体部分为示范性规定。农民专业合作社根据自身实际情况，参照本示范章程制订和修正本社章程。

专业合作社章程

【*年月日召开设立大会，由全体设立人一致通过*】

第一章　总　则

第一条　为保护成员的合法权益，增加成员收入，促进本社发展，依照《中华人民共和国农民专业合作社法》和有关法律、法规、政策，制定本章程。

第二条　本社由【*注：全部发起人姓名或名称*】等人发起(其中，农民成员人，占成员总数的)。于年月日召开设立大会。

本社名称：合作社，成员出资总额元。

本社法定代表人：(*注：理事长姓名*)。

本社住所：邮政编码。

第三条　本社以服务成员、谋求全体成员的共同利益为宗旨。成员入社自愿，退社自由，地位平等，民主管理，实行自主经营，自负盈亏，利益共享，风险共担，盈余主要按照成员与本社的交易量（额）比例返还。

第四条 本社以成员为主要服务对象，依法为成员提供农业生产资料的购买，农产品的销售、加工、运输、贮藏以及与农业生产经营有关的技术、信息等服务。主要业务范围如下。

根据实际情况填写。

（1）组织采购、供应成员所需的生产资料；

（2）组织收购、销售成员及同类生产经营者生产的产品；

（3）开展成员所需的运输、贮藏、加工、包装等服务；

（4）引进新技术、新品种，开展与农业生产经营相关的技术培训、技术交流和咨询服务等。

（*上述内容以工商行政管理部门所核定的业务范围为准*）。

第五条 本社对由成员出资、公积金、国家财政直接补助、他人捐赠以及合法取得的其他资产所形成的财产，享有占有、使用和处分的权利，并以上述财产对债务承担责任。

第六条 本社每年提取的公积金，按照成员与本社业务交易量（额）【*注：或者出资额，也可以两者相结合*】依比例量化为每个成员所有的份额。由国家财政直接补助和他人捐赠形成的财产平均量化为每个成员的份额，作为可分配盈余分配的依据之一。

本社为每个成员设立个人账户，主要记载该成员的出资额、量化为该成员的公积金份额以及该成员与本社的业务交易量（额）。

本社成员以其个人账户内记载的出资额和公积金份额为限对本社承担责任。

第七条 经成员大会讨论通过，本社投资兴办与本社业务内容相关的经济实体；接受与本社业务有关的单位委托，办理代购代销等中介服务；向政府有关部门申请或者接受政府有关部门委托，组织实施国家支持发展农业和农村经济的建设项目；按决定的数额和方式参加社会公益捐赠【*注：上述业务农民专业合作社可选择进行*】。

第八条 本社及全体成员遵守社会公德和商业道德，依法开展生产经营活动。

第二章　成　员

第九条　具有民事行为能力的公民，从事【*注：业务范围内的主业农副产品名称*】生产经营，能够利用并接受本社提供的服务，承认并遵守本章程，履行本章程规定的入社手续的，可申请成为本社成员。本社吸收从事与本社业务直接有关的生产经营活动的企业、事业单位或者社会团体为团体成员【*注：农民专业合作社可以根据自身发展的实际情况决定是否吸收团体成员，此类成员不得超过成员总数的5%*】。具有管理公共事务职能的单位不得加入本社。本社成员中，农民成员至少占成员总数的80%。

【*注：农民专业合作社章程还可以规定入社成员的其他条件，如：具有一定的生产经营规模或经营服务能力等。具体可表述为：养殖规模达到以上或者种植规模达到以上等*】。

第十条　凡符合前条规定，向本社理事会【*注：或者理事长（不设理事会的情形，以下雷同注解同此）*】提交书面入社申请，经成员大会【*注：或者理事会*】审核并讨论通过者，即成为本社成员。

第十一条　本社成员的权利。

（1）参加成员大会，并享有表决权、选举权和被选举权；

（2）利用本社提供的服务和生产经营设施；

（3）按照本章程规定或者成员大会决议分享本社盈余；

（4）查阅本社章程、成员名册、成员大会记录、理事会会议决议、监事会会议决议、财务会计报告和会计账簿；

（5）对本社的工作提出质询、批评和建议；

（6）提议召开临时成员大会；

（7）自由提出退社声明，依照本章程规定退出本社；

（8）成员共同议决的其他权利【*注：如不作具体规定此项可*

删除】。

第十二条 本社成员大会选举和表决，实行一人一票制，成员各享有一票基本表决权。

出资额占本社成员出资总额百分之以上或者与本社业务交易量（额）占本社总交易量（额）百分之以上的成员，在本社等事项【*注：如，重大财产处置、投资兴办经济实体、对外担保和生产经营活动中的其他事项*】决策方面，最多享有票的附加表决权【*注：附加表决权总票数，依法不得超过本社成员基本表决权总票数的20%*】。享有附加表决权的成员及其享有的附加表决权数，在每次成员大会召开时，告知出席会议的成员。

第十三条 本社成员的义务。

（1）遵守本社章程和各项规章制度，执行成员大会和理事会的决议；

（2）按照章程规定向本社出资；

（3）积极参加本社各项业务活动，接受本社提供的技术指导，按照本社规定的质量标准和生产技术规程从事生产，履行与本社签订的业务合同，发扬互助协作精神，谋求共同发展；

（4）维护本社利益，爱护生产经营设施，保护本社成员共有财产；

（5）不从事损害本社成员共同利益的活动；

（6）不得以其对本社或者本社其他成员所拥有的债权，抵消已认购或已认购但尚未缴清的出资额；不得以已缴纳的出资额，抵消其对本社或者本社其他成员的债务；

（7）承担本社的亏损；

（8）成员共同议决的其他义务【*注：如不作具体规定此项可删除*】。

第十四条 成员有下列情形之一的，终止其成员资格。

（1）主动要求退社的；

（2）丧失民事行为能力的；

(3) 死亡的；

(4) 团体成员所属企业或组织破产、解散的；

(5) 被本社除名的。

第十五条 成员要求退社的，须在会计年度终了的3个月前向理事会提出书面声明，方可办理退社手续；其中，团体成员退社的，须在会计年度终了的6个月前提出。退社成员的成员资格于该会计年度结束时终止。资格终止的成员须分摊资格终止前本社的亏损及债务。

成员资格终止的，在该会计年度决算后3个月内【注：不应超过3个月】，退还记载在该成员账户内的出资额和公积金份额。如本社经营盈余，按照本章程规定返还其相应的盈余所得；如经营亏损，扣除其应分摊的亏损金额。

成员在其资格终止前与本社已订立的业务合同应当继续履行【注：也可以依照退社时与本社的约定确定】。

第十六条 成员死亡的，其法定继承人符合法律及本章程规定的条件的，在1个月内提出入社申请，经成员大会【*注：或者理事会*】讨论通过后办理入社手续，并承继被继承人与本社的债权债务。否则，按照第十五条的规定办理退社手续。

第十七条 成员有下列情形之一的，经成员大会【*注：或者理事会*】讨论通过予以除名。

(1) 不履行成员义务，经教育无效的；

(2) 给本社名誉或者利益带来严重损害的；

(3) 成员共同议决的其他情形【*注：如不作具体规定此项可删除*】。

本社对被除名成员，退还记载在该成员账户内的出资额和公积金份额，结清其应承担的债务，返还其相应的盈余所得。因前款第二项被除名的，须对本社作出相应赔偿。

第三章　组织机构

第十八条　成员大会是本社的最高权力机构，由全体成员组成。

成员大会行使下列职权。

（1）审议、修改本社章程和各项规章制度；

（2）选举和罢免理事长、理事、执行监事或者监事会成员；

（3）决定成员入社、退社、继承、除名、奖励、处分等事项【*注：如设立理事会此项可删除*】；

（4）决定成员出资标准及增加或者减少出资；

（5）审议本社的发展规划和年度业务经营计划；

（6）审议批准年度财务预算和决算方案；

（7）审议批准年度盈余分配方案和亏损处理方案；

（8）审议批准理事会、执行监事或者监事会提交的年度业务报告；

（9）决定重大财产处置、对外投资、对外担保和生产经营活动中的其他重大事项；

（10）对合并、分立、解散、清算和对外联合等作出决议；

（11）决定聘用经营管理人员和专业技术人员的数量、资格、报酬和任期；

（12）听取理事长或者理事会关于成员变动情况的报告；

（13）决定设立、撤销分支机构；

（14）决定其他重大事项【*注：如不作具体规定此项可删除*】。

第十九条　本社成员超过150人时，选举组成成员代表大会【*注：可具体规定成员代表大会的成员代表的总数，或规定每名成员选举一名成员代表，或者其他详细的规定*】。成员代表大会履行成员大会的【*注：指第十八条规定的部分或者全部职权*】职权。成员代表任期年，可以连选连任。

【*注：成员总数达到150人的农民专业合作社，可以根据自身发展的实际情况决定是否设立成员代表大会。如不设立，此条可删除*】。

第二十条 本社每年召开次成员大会【*注：至少于会计年度末召开一次成员大会*】成员大会由【*注：理事长或者理事会*】负责召集，并提前15日向全体成员通报会议内容。

第二十一条 有下列情形之一的，本社在20日内召开临时成员大会。

（1）30%以上的成员提议；

（2）执行监事或者监事会提议【*注：如不设立执行监事或监事会，此项可删除*】；

（3）理事会提议；

（4）成员共同议决的其他情形【*注：如不作具体规定此项可删除*】。

理事长【注：或者理事会，与第二十条对应】不能履行或者在规定期限内没有正当理由不履行职责召集临时成员大会的，执行监事或者监事会在日内召集并主持临时成员大会【注：如不设立执行监事或监事会，此款可删除】。

第二十二条 成员大会须有本社成员总数的2/3以上出席方可召开。成员因故不能参加成员大会，可以书面委托其他成员代理。一名成员最多只能代理名成员表决。

成员大会选举或者做出决议，须经本社成员表决权总数过半数通过；对修改本社章程，改变成员出资标准，增加或者减少成员出资，合并、分立、解散、清算和对外联合等重大事项做出决议的，须经成员表决权总数2/3以上的票数通过。成员代表大会的代表以其受成员书面委托的意见及表决权数，在成员代表大会上行使表决权。

【*注：成员代表大会依本章程规定行使成员大会职权的，可参照上述成员代表大会选举或作出决议的程序和规则作出具体规定，*

且成员代表大会代表的成员表决权总数须符合上述规定】。

第二十三条 本社设理事长一名，为本社的法定代表人。理事长任期年，可连选连任。

理事长行使下列职权。

（1）主持成员大会，召集并主持理事会会议；

（2）签署本社成员出资证明；

（3）签署聘任或者解聘本社经理、财务会计人员和其他专业技术人员聘书；

（4）组织实施成员大会和理事会决议，检查决议实施情况；

（5）代表本社签订合同等。

（6）履行成员大会授予的其他职权【*注：如不作具体规定此项可删除*】。

第二十四条 本社设理事会，对成员大会负责，由名成员组成，设副理事长人。理事会成员任期年，可连选连任。

理事会【*注：或者理事长*】行使下列职权。

（1）组织召开成员大会并报告工作，执行成员大会决议；

（2）制订本社发展规划、年度业务经营计划、内部管理规章制度等，提交成员大会审议；

（3）制定年度财务预决算、盈余分配和亏损弥补等方案，提交成员大会审议；

（4）组织开展成员培训和各种协作活动；

（5）管理本社的资产和财务，保障本社的财产安全；

（6）接受、答复、处理执行监事或者监事会提出的有关质询和建议；

（7）决定成员入社、退社、继承、除名、奖励、处分等事项【*注：如不设立理事会此项可删除*】；

（8）决定聘任或者解聘本社经理、财务会计人员和其他专业技术人员；

（9）履行成员大会授予的其他职权【*注：如不作具体规定此*

项可删除】。

第二十五条　理事会会议的表决，实行一人一票。重大事项集体讨论，并经2/3以上理事同意方可形成决定。理事个人对某项决议有不同意见时，其意见记入会议记录并签名。理事会会议邀请执行监事或者监事长、经理和名成员代表列席，列席者无表决权。

【*注：农民专业合作社可以根据自身发展的实际情况决定是否设立理事会。如不设立理事会，第二十四条第一款、第二十五条中的相关内容可删除*】。

第二十六条　本社设执行监事一名，代表全体成员监督检查理事会和工作人员的工作。执行监事列席理事会会议。

第二十七条　本社设监事会，由名监事组成，设监事长一人，监事长和监事会成员任期年，可连选连任。监事长列席理事会会议。

监事会【*注：或者执行监事（不设监事会、只有一名监事的情形）*】行使下列职权。

（1）监督理事会对成员大会决议和本社章程的执行情况；

（2）监督检查本社的生产经营业务情况，负责本社财务审核监察工作；

（3）监督理事长或者理事会成员和经理履行职责情况；

（4）向成员大会提出年度监察报告；

（5）向理事长或者理事会提出工作质询和改进工作的建议；

（6）提议召开临时成员大会；

（7）代表本社负责记录理事与本社发生业务交易时的业务交易量（额）情况；

（8）履行成员大会授予的其他职责【*注：如不作具体规定此项可删除*】。

卸任理事须待卸任年后【注：填写本章程第二十三条规定的理事长任期】方能当选监事。

第二十八条　监事会会议由监事长召集，会议决议以书面形式通知理事会。理事会在接到通知后 3 日内就有关质询作出答复。

第二十九条 监事会会议的表决实行一人一票。监事会会议须有 2/3以上的监事出席方能召开。重大事项的决议须经 2/3以上监事同意方能生效。监事个人对某项决议有不同意见时，其意见记入会议记录并签名。

【*注：农民专业合作社可以根据自身发展的实际情况决定是否设执行监事和监事会。如不设立，第二十七条、第二十八条、第二十九条相关内容可删除*】。

第三十条 本社经理由理事会【注：或者理事长】聘任或者解聘，对理事会【*注：或者理事长*】负责，行使下列职权。

（1）主持本社的生产经营工作，组织实施理事会决议；

（2）组织实施年度生产经营计划和投资方案；

（3）拟订经营管理制度；

（4）提请聘任或者解聘财务会计人员和其他经营管理人员；

（5）聘任或者解聘除应由理事会聘任或者解聘之外的经营管理人员和其他工作人员；

（6）理事会授予的其他职权【*注：如不作具体规定此项可删除*】。

本社理事长或者理事可以兼任经理。

第三十一条 本社现任理事长、理事、经理和财务会计人员不得兼任监事。

第三十二条 本社理事长、理事和管理人员不得有下列行为。

（1）侵占、挪用或者私分本社资产；

（2）违反章程规定或者未经成员大会同意，将本社资金借贷给他人或者以本社资产为他人提供担保；

（3）接受他人与本社交易的佣金归为己有；

（4）从事损害本社经济利益的其他活动；

（5）兼任业务性质相同的其他农民专业合作社的理事长、理事、监事、经理。

理事长、理事和管理人员违反前款第（一）项至第（四）项规定所得的收入，归本社所有；给本社造成损失的，须承担赔偿责任。

第四章　财务管理

第三十三条　本社实行独立的财务管理和会计核算，严格按照国务院财政部门制定的农民专业合作社财务制度和会计制度核定生产经营和管理服务过程中的成本与费用。

第三十四条　本社依照有关法律、行政法规和政府有关主管部门的规定，建立健全财务和会计制度，实行每月日【*注：或者每季度第月日*】财务定期公开制度。

本社财会人员应持有会计从业资格证书，会计和出纳互不兼任。理事会、监事会成员及其直系亲属不得担任本社的财会人员。

第三十五条　成员与本社的所有业务交易，实名记载于各该成员的个人账户中，作为按交易量（额）进行可分配盈余返还分配的依据。利用本社提供服务的非成员与本社的所有业务交易，实行单独记账，分别核算。

第三十六条　会计年度终了时，由理事长【*注：或者理事会*】按照本章程规定，组织编制本社年度业务报告、盈余分配方案、亏损处理方案以及财务会计报告，经执行监事或者监事会审核后，于成员大会召开十五日前，置备于办公地点，供成员查阅并接受成员的质询。

第三十七条　本社资金来源包括以下几项。

（1）成员出资；

（2）每个会计年度从盈余中提取的公积金、公益金；

（3）未分配收益；

（4）国家扶持补助资金；

（5）他人捐赠款；

（6）其他资金。

第三十八条 本社成员可以用货币出资，也可以用库房、加工设备、运输设备、农机具、农产品等实物、技术、知识产权或者其他财产权利作价出资，但不得以劳务、信用、自然人姓名、商誉、特许经营权或者设定担保的财产等作价出资。成员以非货币方式出资的，由全体成员评估作价。

第三十九条 本社成员认缴的出资额，须在 6 个月内缴清。

第四十条 以非货币方式作价出资的成员与以货币方式出资的成员享受同等权利，承担相同义务。

经理事长【*注：或者理事会*】审核，成员大会讨论通过，成员出资可以转让给本社其他成员。

第四十一条 为实现本社及全体成员的发展目标需要调整成员出资时，经成员大会讨论通过，形成决议，每个成员须按照成员大会决议的方式和金额调整成员出资。

第四十二条 本社向成员颁发成员证书，并载明成员的出资额。成员证书同时加盖本社财务印章和理事长印鉴。

第四十三条 本社从当年盈余中提取百分之的公积金，用于扩大生产经营、弥补亏损或者转为成员出资。

【*注：农民专业合作社可以根据自身发展的实际情况决定是否提取公积金*】。

第四十四条 本社从当年盈余中提取 20% 的公益金，用于成员的技术培训、合作社知识教育以及文化、福利事业和生活上的互助互济。其中，用于成员技术培训与合作社知识教育的比例，不少于公益金数额的 10%。

【*注：农民专业合作社可以根据自身发展的实际情况，决定是否提取公益金*】。

第四十五条 本社接受的国家财政直接补助和他人捐赠，均按本章程规定的方法确定的金额入账，作为本社的资金（产），按照规定用途和捐赠者意愿用于本社的发展。在解散、破产清算时，由国家财政直接补助形成的财产，不得作为可分配剩余资产分配给成员，处置办法按照国家有关规定执行；接受他人的捐赠，与捐赠者另有约定的，按约定办法处置。

第四十六条　当年扣除生产经营和管理服务成本，弥补亏损、提取公积金和公益金后的可分配盈余，经成员大会决议，按照下列顺序分配。

（1）按成员与本社的业务交易量（额）比例返还，返还总额不低于可分配盈余的60%【*注：依法不得低于60%，具体比例由成员大会讨论决定*】；

（2）按前项规定返还后的剩余部分，以成员账户中记载的出资额和公积金份额以及本社接受国家财政直接补助和他人捐赠形成的财产平均量化到成员的份额，按比例分配给本社成员，并记载在成员个人账户中。

第四十七条　本社如有亏损，经成员大会讨论通过，用公积金弥补，不足部分也可以用以后年度盈余弥补。

本社的债务用本社公积金或者盈余清偿，不足部分依照成员个人账户中记载的财产份额，按比例分担，但不超过成员账户中记载的出资额和公积金份额。

第四十八条　执行监事或者监事会负责本社的日常财务审核监督。根据成员大会【*注：或者理事会*】的决定【*注：或者监事会的要求*】，本社委托审计机构对本社财务进行年度审计、专项审计和换届、离任审计。

第五章　合并、分立、解散和清算

第四十九条　本社与他社合并，须经成员大会决议，自合并决议作出之日起10日内通知债权人。合并后的债权、债务由合并后存续或者新设的组织承继。

第五十条　经成员大会决议分立时，本社的财产作相应分割，并自分立决议作出之日起10日内通知债权人。分立前的债务由分立后的组织承担连带责任。但是，在分立前与债权人就债务清偿达成的书面协议另有约定的除外。

第五十一条 本社有下列情形之一，经成员大会决议，报登记机关核准后解散。

（1）本社成员人数少于5人；

（2）成员大会决议解散；

（3）本社分立或者与其他农民专业合作社合并后需要解散；

（4）因不可抗力因素致使本社无法继续经营；

（5）依法被吊销营业执照或者被撤销；

（6）成员共同议决的其他情形【*注：如不作具体规定此项可删除*】。

第五十二条 本社因前条第一项、第二项、第四项、第五项、第六项情形解散的，在解散情形发生之日起15日内，由成员大会推举名成员组成清算组接管本社，开始解散清算。逾期未能组成清算组时，成员、债权人可以向人民法院申请指定成员组成清算组进行清算。

第五十三条 清算组负责处理与清算有关未了结业务，清理本社的财产和债权、债务，制定清偿方案，分配清偿债务后的剩余财产，代表本社参与诉讼、仲裁或者其他法律程序，并在清算结束后，于10日内向成员公布清算情况，向原登记机关办理注销登记。

第五十四条 清算组自成立起10日内通知成员和债权人，并于60日内在报纸上公告。

第五十五条 本社财产优先支付清算费用和共益债务后，按下列顺序清偿。

（1）与农民成员已发生交易所欠款项；

（2）所欠员工的工资及社会保险费用；

（3）所欠税款；

（4）所欠其他债务；

（5）归还成员出资、公积金；

（6）按清算方案分配剩余财产。

清算方案须经成员大会通过或者申请人民法院确认后实施。本社财产不足以清偿债务时，依法向人民法院申请破产。

第六章　附　则

第五十六条　本社的名称、住所、成员出资总额、业务范围、法定代表人姓名发生变更的，应当自做出变更决定之日起 30 日内向本社登记机关申请变更登记。

第五十七条　本社需要向成员公告的事项，采取方式发布，需要向社会公告的事项，采取方式发布。

第五十八条　本章程由设立大会表决通过，全体设立人签字后生效。

第五十九条　修改本章程，须经半数以上成员或者理事会提出，理事长【*注：或者理事会*】负责修订，成员大会讨论通过后实施。

第六十条　本章程由本社理事会【*注：或者理事长*】负责解释。

全体设立人签名、盖章。

附件 2：山东省农民专业合作社条例

第一章　总则

第一条　为了支持、引导农民专业合作社的健康发展，规范农民专业合作社的组织和行为，维护农民专业合作社及其成员的合法权益，促进农业和农村经济的发展，根据《中华人民共和国农民专业合作社法》等有关法律、行政法规，结合本省实际，制定本条例。

第二条　本条例所称农民专业合作社，是指在农村家庭承包经营基础上，同类农产品的生产经营者或者同类农业生产经营服务的提供者、利用者，自愿联合、依法民主管理的互助性经济组织。

农民专业合作社应当以农民为主体，以服务成员为宗旨，以市场为导向，坚持入社自愿、退社自由，成员地位平等，利益共享，风险共担。

第三条　山东省行政区域内农民专业合作社的设立、登记、生产经营和对农民专业合作社的扶持、指导、服务等相关活动，适用本条例。

第四条　农民专业合作社及其成员的合法权益受法律保护，任何单位和个人不得侵犯。

农民专业合作社的权益保护纳入农民负担监督管理范围。任何单位和组织不得违反法律、法规规定向农民专业合作社收取任何费用，不得以其他形式增加农民专业合作社的负担或者通过农民专业合作社变相增加农民的负担。

第五条 农民专业合作社从事生产经营活动，应当遵守法律、法规，遵守社会公德、商业道德，诚实守信，不得侵犯成员合法权益。

第六条 县级以上人民政府应当将农民专业合作社作为完善农村基本经营制度的重要组织形式，纳入国民经济和社会发展规划，建立和完善工作协调机制，加强服务机构和队伍建设，制定扶持措施，鼓励社会各方面力量为农民专业合作社提供服务，促进农民专业合作社规范、有序、健康发展。

第七条 县级以上人民政府应当组织农业行政主管部门或者农村经济经营管理部门（以下统称农业行政主管部门）和其他有关部门及有关组织，依照有关法律法规的规定，依据各自职责，对农民专业合作社的建设和发展，给予指导、扶持和服务。

乡（镇）人民政府、街道办事处应当支持农民专业合作社的发展，为农民专业合作社的发展，提供指导和服务。

村（居）民委员会、村集体经济组织应当为农民专业合作社的生产经营，提供相应的便利和服务。

第二章　设立和登记

第八条 同类农产品的生产经营者或者同类农业生产经营服务的提供者、利用者从事下列活动，自愿联合的，可以申请设立农民专业合作社。

（1）种植业、林果业、畜禽养殖业和水产养殖、捕捞业生产；

（2）农产品销售、加工、贮藏和运输；

（3）农村公共供水服务；

（4）农业机械作业及维修服务；

（5）农业科技推广服务；

（6）农村家庭手工业；

（7）农业休闲观光和乡村民俗旅游；

(8) 沼气等农村可再生能源利用;

(9) 其他农业生产经营服务活动。

第九条 设立农民专业合作社，应当符合法律、法规规定的条件和程序，经工商行政管理部门登记，领取农民专业合作社法人营业执照，取得法人资格。未经依法登记，不得以农民专业合作社的名义从事生产经营活动。

设立农民专业合作社，申请人应当向工商行政管理部门提交法律、行政法规规定的文件，并对其真实性负责。

工商行政管理部门应当对申请人提供的文件依法进行审查，申请人提交的登记申请材料齐全并符合法定形式的，应当给予登记。

第十条 农民专业合作社应当依法制定章程，健全内部管理制度，并遵守章程的规定。

农民专业合作社章程应当由全体设立人一致通过。

第十一条 农民专业合作社成员可以用货币出资，也可以用实物、土地承包经营权、知识产权以及其他能够用货币估价，并可以依法转让的非货币财产作价出资。成员以非货币财产出资的，由全体成员评估作价或者决定评估作价方式。

成员不得以劳务、信用、自然人姓名、商誉、特许经营权或者设定担保的财产等作价出资。

农民专业合作社章程应当载明成员的出资方式、出资额。成员应当按照章程规定出资，出资额计入该成员账户。

第十二条 农民专业合作社对由成员出资、公积金、国家财政直接补助、他人捐赠以及合法取得的其他资产所形成的财产，享有占有、使用和处分的权利，并以上述财产对债务承担责任。

农民专业合作社成员以其账户内记载的出资额和公积金份额为限，对农民专业合作社承担责任。

第十三条 农民专业合作社可以设立分支机构，并比照农民专业合作社登记的规定，向分支机构所在地工商行政管理部门申请办理登记。

农民专业合作社分支机构不具有法人资格。

第十四条 鼓励农民专业合作社开展多领域、多方式的联合与合作，实现生产、加工、销售一体化综合发展，扩大生产、经营和服务规模，提高市场竞争力。

第十五条 农民专业合作社的名称、住所、成员出资总额、业务范围、法定代表人姓名发生变更的，应当依法办理变更登记手续。

农民专业合作社解散、破产的，应当依法办理注销登记手续。

第十六条 工商行政管理部门应当自农民专业合作社设立、变更或者注销登记之日起 20 日内，将农民专业合作社的有关信息，抄送同级农业行政主管部门。

第三章 成员和组织机构

第十七条 农民专业合作社的成员中，农民至少应当占成员总数的 80%。

成员总数 20 人以下的，可以有一个企业、事业单位或者社会团体成员；成员总数超过 20 人的，企业、事业单位和社会团体成员不得超过成员总数的 5%。

国有农场、牧场、林场、渔场等企业事业单位实行承包经营、从事农业生产经营服务的职工以及依法取得农村土地承包经营权、直接从事农业生产经营服务的城镇居民，可以作为农民计算成员比例。

第十八条 农民专业合作社成员大会选举和表决，实行一人一票制，成员各享有一票的基本表决权。

出资额或者与本社交易量或者交易额较大的成员按照章程规定，可以享有附加表决权。本社的附加表决权总票数，不得超过本社成员基本表决权总票数的 20%。享有附加表决权的成员及其享有的附加表决权数，应当在每次成员大会召开时，告知出席会议的成员。

农民专业合作社章程可以限制附加表决权行使的范围。

第十九条 农民专业合作社应当置备成员名册，并报送工商行政管理部门。成员名册载明的成员，应当与实有成员相一致。

农民专业合作社成员发生变更的，应当自本财务年度终了之日起 30 日内，将法定代表人签署的修改后的成员名册报送工商行政管理部门。其中，新成员入社的，还应当提交新成员的身份证明。

农民专业合作社因成员发生变更，使农民成员低于法定比例的，应当自事由发生之日起 6 个月内，采取吸收新的农民成员入社等方式使农民成员达到法定比例。

第二十条 农民专业合作社成员要求退社的，应当在财务年度终了的 3 个月前向理事长或者理事会提出；企业、事业单位或者社会团体成员退社，应当在财务年度终了的 6 个月前提出。章程另有规定的，从其规定。

成员退社的，其成员资格自财务年度终了时终止。

第二十一条 成员资格终止的，农民专业合作社应当按照章程规定的方式和期限，退还记载在该成员账户内的出资额和公积金份额，并依照法律规定返还成员资格终止前的可分配盈余。

资格终止的成员，应当按照章程规定分摊资格终止前本社的亏损和债务。

以土地承包经营权出资的成员资格终止的，其出资的退还，按照章程规定执行；章程未规定的，可以通过平等协商，退还土地承包经营权或者采取转包、出租、互换、转让等方式流转其土地承包经营权。

以知识产权出资的成员资格终止的，其出资的退还，按照章程规定执行；章程未规定的，依据有关法律、行政法规的规定执行。

第二十二条 成员资格终止的，农民专业合作社应当在本财务年度终了时，将该成员所享有的由国家财政直接补助形成的财产份额，平均量化登记到本社现有成员的账户。

第二十三条　农民专业合作社成员超过 150 人的，可以依照章程规定设立成员代表大会。成员代表大会按照章程规定，可以行使成员大会的部分或者全部职权。

第二十四条　理事长、理事、执行监事或者监事会成员，由成员大会从本社成员中选举产生，依照法律、法规和章程的规定行使职权，对成员大会负责。

理事会会议、监事会会议的表决，实行一人一票。

第四章　财务管理

第二十五条　农民专业合作社应当依法建立健全财务管理制度，明确规定成员大会、成员代表大会、理事长、理事、经理、会计人员的财务权限和职责，并经成员大会通过。

农民专业合作社应当根据会计业务需要，设置财务机构，配备会计人员。不具备条件的，可以按照民主、自愿的原则，委托具有相应资质的会计服务机构代理记账、核算或者聘任兼职会计。

第二十六条　农民专业合作社应当按照国家规定的财务会计制度进行会计核算，并按时进行财务年度决算。

农民专业合作社在进行年终盈余分配前，应当准确核算全年的收入和支出，清理财产和债权、债务。

第二十七条　在弥补亏损、提取公积金后的当年盈余，为农民专业合作社的可分配盈余。

可分配盈余按照下列规定返还或者分配给成员，具体分配办法，按照章程规定或者经成员大会决议确定。

（1）按成员与本社的交易量或者交易额比例返还，返还总额不得低于可分配盈余的 60%；

（2）按前项规定返还后的剩余部分，以成员账户中记载的出资额和公积金份额以及本社接受国家财政直接补助和他人捐赠形成的财产平均量化到成员的份额，按比例分配给本社成员。

第二十八条 农民专业合作社应当实行社务公开制度，定期向成员公布生产经营、财务状况及其他重大事项，及时公开国家财政直接补助、他人捐赠以及合法取得的其他资产的到账和使用情况，接受本社成员的查阅和监督。

农民专业合作社，应当接受并配合有关部门对国家财政补助资金使用情况的审计监督。

第二十九条 农民专业合作社应当按照法律、法规的规定，向乡（镇）人民政府、街道办事处农村经济经营管理机构报送统计、财务等报表。

第五章 指导服务

第三十条 农业行政主管部门应当指导农民专业合作社制定章程、建立健全内部运行机制、完善财务管理和生产经营等制度，并做好农民专业合作社试点示范、免费指导培训、项目扶持等工作。

第三十一条 农业行政主管部门和其他有关部门应当指导农民专业合作社开展农业标准化生产，依法建立农产品生产记录和质量安全台账，健全农产品质量安全管理制度、农产品质量安全控制体系、农产品质量安全追溯制度、自律性检测检验和农产品包装及标志制度，提高农产品质量安全水平。

农业行政主管部门和其他有关部门应当为农民专业合作社申请认证无公害农产品、绿色食品、有机食品、原产地地理标志、农产品地理标志等提供咨询、指导和服务。

第三十二条 工商行政管理部门应当采取措施，在农民专业合作社的设立、变更、注销登记和注册商标的申请、市场信息等方面提供咨询、指导和服务。

有关单位和个人查询农民专业合作社登记情况时，工商行政管理部门应当提供便利条件。

第三十三条 税务机关应当落实国家规定的税收优惠政策，并为农民专业合作社税务登记办理、发票领购及开展经营活动，提供服务和便利。

第三十四条 商务部门应当组织农民专业合作社与市场对接，为农民专业合作社生产的农产品进入市场销售提供便利，并采取措施，为农民专业合作社办理进出口经营权，提供服务。

政府采购监督管理部门应当为农民专业合作社进入政府采购市场，提供指导和服务。

第三十五条 经济和信息化行政主管部门应当支持农民专业合作社的信息化建设，并为其提供电子商务方面的指导和服务。

工商行政管理、农业等部门应当建立工作协调机制，健全部门之间的信息交换机制，实现互联互通和信息资源共享。

第三十六条 供销合作社应当充分利用人才、网络、设施等条件，采取多种方式积极领办农民专业合作社，带动农民专业合作社开展信息、营销、技术、农产品加工储运等服务。

供销合作社各级联合社应广泛吸纳各类合作经济组织、龙头企业、专业大户，积极组建行业协会，为农民专业合作社搭建服务平台。

第三十七条 县级以上人民政府其他有关部门和有关组织应当依据各自职责，做好农民专业合作社建设和发展的具体指导服务工作。

第六章 扶持措施

第三十八条 县级以上人民政府应当设立农民专业合作社专项扶持资金，并采取直接补助、贷款贴息等方式，支持农民专业合作社开展信息咨询、培训、农产品质量标准与认证、农业生产基础设施建设、市场营销和技术推广等服务。

县级以上人民政府应当组织农业行政主管部门和其他有关部门及有关组织编制本级人民政府优先扶持的农民专业合作社目录，将符合法律法规规定、管理规范、成员人数多、带动力强和生产国家社会急需的重要农产品以及贫困地区的农民专业合作社纳入目录范围，优先给予扶持。目录应定期向社会公布。

农民专业合作社专项扶持资金，随着经济发展逐步增加。

第三十九条 办理农民专业合作社设立、变更或者注销登记、税务登记、组织机构代码证、项目环境影响评价等事项，有关部门应当提供便捷服务并不得收取任何费用。

第四十条 各级人民政府支持农业和农村经济发展的农业综合开发、扶贫开发、土地整理、国土绿化、中低产田改造、农业机械化技术推广、农田水利建设、水土保持、农业产业化等建设项目，可以安排有条件的农民专业合作社实施。

第四十一条 鼓励和支持农民专业合作社在尊重农民意愿和保护农民合法权益的前提下，依法取得农民流转的土地承包经营权并发展适度规模经营，增加土地承包经营权收益。

第四十二条 各级人民政府应当鼓励金融机构对农民专业合作社增加贷款规模，扩大金融服务。

政策性金融机构应当采取多种形式，为农民专业合作社提供资金支持。

第四十三条 各级人民政府应当建立农民专业合作社贷款担保和风险补偿机制，具备条件的应当设立农民专业合作社贷款担保资金，为农民专业合作社贷款担保提供支持。

政府扶持的政策性担保机构，应当为农民专业合作社贷款提供担保服务。

鼓励和支持金融机构、社会信用担保机构采取措施，创新和扩大农村有效担保物品种，为农民专业合作社发展提供信贷和担保服务。

第四十四条 农民专业合作社为满足成员生产经营资金需求，可以在本社内部依法开展资金互助和信用合作，但不得对外吸收公众存款或者非法集资。

第四十五条 鼓励和支持保险机构开发具有针对性的保险产品，在产品生产、加工、储藏、运输、销售和农业机械作业等环节为农民专业合作社提供保险服务，增强农民专业合作社抵御风险的能力。

经营农业政策性保险的保险机构，应当为具备条件的农民专业合作社成员提供农业政策性保险服务。

第四十六条 农民专业合作社享受国家和省有关扶持中小企业、民营经济发展的优惠政策。

农民专业合作社享受国家规定的对农业生产、加工、流通、服务和其他涉农经济活动相应的税收优惠。

第四十七条 农民专业合作社农产品生产基地、种植养殖场等用地，符合土地利用总体规划，且不涉及建成永久性建筑物的，可视为农业生产结构调整用地，按照规定办理有关手续。

农民专业合作社兴办农产品加工业需要建设用地的，国土资源行政主管部门应当优先安排建设用地计划，依法办理建设用地审批手续。

第四十八条 农民专业合作社从事农业种植、养殖等生产经营活动的用水用电，执行农业生产用水用电价格标准。

第四十九条 鼓励和支持高等院校、中等职业学校和科研院所与农民专业合作社联合开展技术合作。

鼓励各类人才创办、加入农民专业合作社。

鼓励和支持科研人员以知识产权出资加入农民专业合作社，鼓励和支持高等院校和职业学校毕业生到农民专业合作社就业。

第五十条 对农民专业合作社在绿色通道上运输鲜活农产品的车辆，可以适当降低车辆通行费的标准或者免交车辆通行费。

第五十一条 对在发展现代农业和促进农民增收中发挥显著作用的农民专业合作社及其带头人以及在扶持、指导和服务农民专业合作社发展中作出突出贡献的单位和个人，按照规定给予表彰奖励。

第七章　法律责任

第五十二条　违反本条例规定，各级人民政府及有关部门及其工作人员有下列行为之一的，对直接负责的主管人员和其他直接责任人员依法给予处分；给农民专业合作社及其成员造成损失的，依法承担赔偿责任；构成犯罪的，依法追究刑事责任。

（1）对不符合规定条件的农民专业合作社登记申请予以登记，或者对符合规定条件的登记申请不予登记的；

（2）侵占、挪用、截留、私分或者以其他方式侵犯农民专业合作社及其成员的合法财产的；

（3）非法干预农民专业合作社及其成员的生产经营活动的；

（4）向农民专业合作社及其成员摊派或者强迫其接受有偿服务的；

（5）其他滥用职权、玩忽职守、徇私舞弊侵犯农民专业合作社及其成员合法权益的行为。

第五十三条　提交虚假材料或者采取其他欺诈手段取得农民专业合作社登记的，由工商行政管理部门责令改正；情节严重的，撤销农民专业合作社登记。

第五十四条　农民专业合作社未按照法律、法规和章程规定履行民主管理程序或者未按照法律、法规和章程规定进行会计核算或者盈余分配的，有关部门应当责令其限期改正，逾期未改正的，撤销其 3 年内享受财政扶持的资格；情节严重的，应追缴已给予该农民专业合作社的部分或者全部财政扶持资金，并依法追究其法律责任。

第五十五条　农民专业合作社理事长、理事及其他管理人员有下列行为之一的，所得收入应当归本社所有，给本社造成损失的，应当承担赔偿责任。

（1）侵占、挪用或者私分本社资产的；

（2）违反章程规定，将本社资金借贷给他人或者以本社资产为他人提供担保的；

（3）违反章程规定或者未经成员大会同意对外进行投资的；

（4）向本社转嫁债务的；

（5）收受他人财物，损害本社利益的；

（6）操控农民专业合作社决策，损害本社及其成员权益的；

（7）其他损害本社经济利益的行为。

第八章　附则

第五十六条　本条例自 2010 年 5 月 1 日起施行。

参考文献

骆焱平. 2015. 农资经营实用手册 [M]. 北京：化学工业出版社出版.

农业部农产品质量安全监管局，农业部科技发展中心. 2011. 农产品质量安全检测机构基础知识题库 [M]. 北京：中国农业出版社.

宋洪远，赵海. 2015. 中国新型农业经营主体发展研究 [M]. 北京：中国金融出版社.

宋洪远. 2016. 中国“三农”重要政策执行情况及实施机制研究 [M]. 北京：科学出版社.

宋洪远. 2016. 中国农村经济分析和政策研究 2013—2016 [M]. 北京：中国农业出版社.